Éditions Les nouvelles de Bordeaux et du Sud-ouest

Georges Durou

Mes Printemps de barbelés
1940-1945

Éditions Les Nouvelles de Bordeaux et du Sud-ouest

Georges Durou au camp de Mérignac

Préface

Préface

Que peut-il se passer dans la tête d'un gamin qui n'a même pas 16 ans, en février 1940, au moment où il est arrêté par la police française pour distribution de tracts des Jeunesses communistes? Ou pire, quelques mois plus tard, dans la baraque des fusillés de Souge, au moment où un inspecteur lui propose, pour sauver sa vie, de dénoncer ses camarades?

Si je me posais ce genre de questions, en 2005, en rédigeant une petite intervention pour la cérémonie de remise de la légion d'honneur de Georges Durou, je dois dire qu'à la lecture de son histoire, qui est une partie de l'histoire de notre pays, ces premiers moments horribles pour un adolescent n'étaient « presque rien » à côté de ce qu'il allait vivre durant 5 ans, dont une grande partie dans les camps de concentration d'où des dizaines de milliers d'autres ne sont pas revenus.

Je crois comprendre maintenant son obstination raisonnée à insister sur quelques vérités, même si elles dérangent des historiens habitués à certains « raccourcis ». En effet, bien avant la rupture du pacte germano-soviétique de non agression en juin 1941, des militants communistes n'ont jamais accepté la soumission, ils se sont exprimés dans ce sens, et l'ont payé cher. Oui, malgré une interdiction des organisations communistes dès septembre 1939, la réalité d'actes précis en témoigne comme l'appel à la résistance contre le fascisme hitlérien, rédigé à Gradignan, en Gironde, par Charles Tillon le 17 juin 1940 et cela malgré la répression féroce des autorités françaises et allemandes.

Plus de 70 ans plus tard, le témoignage de Jo est fait de récits bouleversants de la mort et de la survie dans les camps mais aussi d'anecdotes, comme celle du gardien du Fort du Hâ, qui le fait sortir de sa cellule pour assister au « spectacle » du bombardement de Bordeaux. On se demande comment la mémoire peut garder de tel souvenir après avoir vécu l'horreur des camps.

Ce livre est un acte en lui-même, non pas un « devoir » de mémoire - Jo n'aime pas ce terme - mais bien un message d'espoir rattaché aux valeurs de solidarité qui ont permis de sauver des vies, quand celles-ci ne tenaient qu'à un fil, dans l'enfer qu'ont connu Jo et ses camarades d'infortunes.

Michel Dubertrand
Secrétaire de la Fédération
du Parti communiste de la Gironde

Avant-propos

Avant-propos

Depuis longtemps j'y pensais, depuis combien d'années j'hésitais. La maturation fut longue, et deux pressions amicales eurent raison de mes hésitations.

La première : celle de Jeanne, ma compagne. C'est à elle que je confiais de temps en temps les péripéties de mon trajet, des prisons françaises de la répression politique de 1939 jusqu'à ma sortie des bagnes allemands en 1945, de mes tentatives d'évasion en liaison avec l'Organisation Spéciale, résistant réduit à croupir dans les geôles.

La deuxième : celle de mon ami Jean-Pierre Nercam. Sans que j'en eusse conscience, à de multiples rencontres il m'avait interviewé. À deux reprises, il avait monté, dans les années quatre-vingt et quatre-vingt-dix, des *Hommages aux résistants et déportés* de Bègles et de Gironde, j'étais un protagoniste privilégié de ses évocations. Universitaire et homme de Théâtre, il fut pour moi un soutien hebdomadaire amical et efficace dans la rédaction de cette chronique.

Encore une fois il a fallu la persévérance généreuse de Jeanne, durant des mois et jour après jour, pour m'encourager à écrire ces souvenirs. J'ai particulièrement apprécié qu'elle ait accepté de donner en postface à mon récit le poème qu'elle a écrit lors d'un de nos pèlerinages à Sachso, *La mort et le survivant.*

J'allais souvent dans les lycées et collèges à la demande de professeurs d'histoire dont le programme portait sur la seconde guerre mondiale. L'attention des élèves, leur intérêt pour mon témoignage furent des plus stimulants. À la suite de mes interventions, quelques-uns de leurs professeurs m'incitèrent même à écrire mon histoire.

J'ai pensé à mes enfants auxquels je n'avais jamais parlé de ce passé, ils avaient eux aussi le droit de savoir. Et mes petits et arrière-petits fils et filles, que sauraient-ils de leur grand et arrière-grand-père ? Cette considération m'aida beaucoup à passer aux actes.

J'ai dû faire des choix. Pour la déportation, j'aurais pu faire état de maints exemples de la malfaisance quotidienne des S.S. et de leurs auxiliaires, toujours à la recherche de nouvelles tortures. Bien des ouvrages sur la déportation en ont porté un juste témoignage.

J'aurais peut-être pu dépeindre avec plus de détails le quotidien de nos vies dans la démence des camps de la mort lente. Insister sur l'angoisse qui nous gagnait chaque matin dès que l'on ouvrait les yeux quand le guttural *Aufstehen* nous rappelait à la réalité, si par hasard, on s'était évadé en songe vers des cieux plus cléments. De quoi sera faite cette journée ? Vais-je tenir encore aujourd'hui ? Quelle parole efficace trouverai-je pour remonter le moral de celui qui hier, a vu un de ses copains partir vers le crématoire ? L'angoisse, toujours l'angoisse qui vous taraude.

Je me suis plutôt attaché à mettre en relief les petits faits qui alimentaient l'espoir et soutenaient le moral et la volonté de s'en sortir. J'ai souhaité mettre l'accent sur la solidarité, la lutte quotidienne pour tenter d'aider celui dont la vie ne tenait plus qu'à un fil, pour chercher les mots susceptibles de créer pour soi et pour les autres, le sursaut de résistance humaine nécessaire à la survie. J'ai fait ce choix. Je laisse le lecteur apprécier.

Georges Durou

Enfance

Je peux dire que j'ai été initié à la vie politique par les conversations que mon père tenait avec ma mère autour de la table familiale. Il lui racontait parfois ce qu'il avait enduré pendant la guerre de 14, mais surtout il commentait ce qu'il faisait dans ses activités militantes. Mon père avait adhéré au Parti communiste en 1920, il avait été particulièrement intéressé par la révolution russe, notamment par l'épopée des marins de Kronstadt qui avaient refusé de tirer sur la foule. Il était marin lui aussi à cette époque. Il s'était engagé pour cinq ans à l'âge de 18 ans. Son engagement terminé, la guerre avait été déclarée et il en avait pris pour quatre années de plus.

C'est ainsi qu'en 1920, après avoir fait le tour de bien des problèmes, il avait adhéré au Parti communiste, engagement relativement rare à cette époque. Il relatait souvent à la maison les discussions tenues lors des réunions et en particulier celles concernant la montée des fascismes en Europe et la « résistible » ascension d'Hitler en Allemagne. L'essentiel de l'action des communistes était alors la lutte contre le fascisme et la guerre. Le mot d'ordre « Contre le fascisme » revenait toujours.

Mon père parlait de ce qui se passait chez les Allemands. Leur difficulté à réaliser l'unité des partis de gauche, les discussions stériles entre les différents mouvements politiques qui n'arrivaient pas à se mettre d'accord pour s'opposer à la montée en puissance du parti nazi. Puis en 1933, grâce au soutien efficace et intéressé des capitalistes d'Allemagne et d'ailleurs, ce fut l'arrivée au pouvoir d'Hitler, la répression terrible, les camps de concentration...

Sur cette période, nous avions reçu une information de première main. Un député communiste allemand qui pour éviter une nouvelle arrestation était passé dans la clandestinité, avait été envoyé en France afin d'échapper un temps au stress de sa situation. Il voyageait de ville en ville, hébergé par des militants. Il restait au maximum deux jours chez chacun d'eux pour éviter les questions qu'aurait pu se poser l'entourage de ses hôtes au sujet de sa présence. Lors de son passage à Bègles, il nous a parlé des témoignages des libérés de ces premiers camps, notamment celui de la brasserie d'Oranienbourg. Leurs condamnations reposaient sur des motifs très variés mais leur châtiment était exemplaire : brimades, sévices, bastonnades et pire encore. Tout ce que l'on n'aurait pas osé imaginer à la seule fin de rabaisser l'homme au rang de bête. Après de tels traitements, l'administration nazie libérait certains prisonniers pour qu'ils puissent raconter ce qu'ils avaient subi, le but étant pour elle de créer dans la population un réflexe de peur, une paralysie de la parole critique par crainte de finir dans un de ces camps.

En même temps, à Bordeaux s'agitaient les ligues fascistes. Il y en avait cinq en activité : les Camelots du roi, l'Action française, les Croix-de-Feu, le Faisceau français et la Jeunesse patriote. Il me reste un souvenir précis du 1er mai 1934. Ce jour-là, j'ai participé avec mon père à la manifestation qui partait en cortège depuis la place de la Bourse jusqu'au théâtre de l'Alhambra. Des militants des Croix-de-Feu et des Camelots du roi sont venus provoquer les manifestants regroupés place de la Bourse en leur proposant leur journal, *le Flambeau*. Bien entendu, la riposte des militants ouvriers n'a pas manqué. Tout s'est terminé dans les petites rues derrière la Bourse. Les gars du port, les dockers ont fait quelques sérieux dégâts dans les rangs des vendeurs et des supporters du *Flambeau* !

Je me souviens aussi qu'auparavant avait eu lieu la grande manifestation du 12 février 1934. Elle a été organisée en riposte à l'attaque de la Chambre des députés par les ligues fascistes voulant provoquer un coup d'État pour en finir avec la République, la « gueuse ». Nous sommes allés des Quinconces aux Capucins. Le meeting s'est tenu sous la halle du marché.

C'est à cette époque que Mme Denise Gouge, institutrice à l'école Ferdinand Buisson de Birambits, un quartier de Bègles, monta le mouvement des « Pionniers du Secours rouge ». Elle et son mari étaient communistes, son frère également. Il avait été arrêté pendant la guerre du Rif et emprisonné au fort du Hâ. Quant au Secours rouge international, c'était un organisme soutenu par la IIIe Internationale, dont l'objectif était de venir en aide aux prisonniers politiques, dans chaque pays où pesait une répression d'État. Il réclamait pour eux le régime politique. De manière très symbolique, l'insigne du Secours rouge était une grille de prison d'où sortait un poing tenant un foulard rouge.

Très préoccupée par l'éducation des jeunes, Denise Gouge avait donc entrepris de constituer une première équipe de pionniers du Secours rouge. Je note que durant la fin des années vingt, des préoccupations semblables se manifestaient partout en France : la Section française de l'Internationale ouvrière avait créé « les Faucons rouges » et les instances catholiques, « les Scouts de France ».

* * *

J'adhérais avec ma sœur Paulette, aux pionniers du Secours rouge, à Bègles, notre père nous ayant facilité la tâche. Nous nous réunissions tous les jeudis – c'était le jour où il n'y avait pas école – 70, cours Victor-Hugo à Bègles, dans les locaux de la Coopérative ouvrière, qui seront fermés en 1939 à la dissolution du Parti communiste.

Denise Gouge - la « camarade », comme nous l'appelions - nous faisait un point sur les événements de la semaine. Puis on répétait des danses, du fandango à la danse russe, après en avoir méthodiquement étudié les pas. On apprenait également des chants révolutionnaires, *Ah ça ira!, le Temps des cerises, Elle n'est pas morte, les Canuts, la Butte rouge, Au-devant de la vie, Libérons Thaelmann…* et bien entendu, *l'Hymne du Secours rouge:*

« Adhère au Secours rouge
Qui mène le vrai combat
Allons Peuple bouge
On t'attaque défends-toi. »

Tous les ans, à partir de 1934, nous nous produisions à la Maison des cheminots située rue Lamothe, en face des ateliers de la SNCF à Bordeaux. Pour notre premier spectacle, nous avons interprété quelques chants révolutionnaires et exécuté nos danses. Nous avions même préparé un chœur parlé qui s'intitulait: *Pour le pain, la paix et la liberté.* Pour l'occasion, nous avions réalisé des pancartes portant le thème calligraphié et illustré de dessins: des colombes pour la paix.

Par la suite, notre spectacle de plus en plus fourni pouvait facilement durer deux heures les dimanches après-midi, le seul jour de libre des adultes. Le samedi chômé n'est apparu qu'en 1936. « C'est la semaine des deux dimanches », disaient les bourgeois. Imaginez le scandale: deux dimanches dans la semaine, c'était insupportable pour eux!

Nous allions également dans les fêtes du Parti communiste, que l'on appelait les goguettes. Chaque section du Parti faisait la sienne tous les ans. Nous y étions invités pour présenter notre petit spectacle. À Bègles, quand la section faisait sa goguette « Aux lilas », une salle de bal rue Ferdinand-Buisson, nous y participions avec un plaisir tout particulier car, là, on se produisait fièrement devant nos familles.

En 1935, le pacte d'unité d'action socialiste-communiste est adopté en vue de constituer un front populaire. À Bègles, le rapprochement entre communistes et socialistes qui sont d'accord pour participer à l'action, s'effectue après quelques vives discussions. Ainsi les socialistes ne veulent pas du terme « Pionniers du Secours rouge ». Les communistes acceptent le compromis. Le Secours populaire venant d'être récemment créé, nous devenons : « Pionniers du Secours populaire ». Ce changement d'intitulé ne nous empêcha pas de poursuivre notre action. Par contre, nous avons changé de tenue. Au Secours rouge, nous portions une chemisette kaki avec un béret et un foulard rouges ; au Secours populaire, une chemisette bleue, un béret noir et « le » foulard rouge que l'on avait quand même conservé. Rien n'a changé non plus dans nos pratiques, c'était toujours Denise Gouge qui nous dirigeait avec l'assistance d'un militant socialiste pour les activités de plein air.

Dès la venue au pouvoir d'un gouvernement de gauche et contrairement à toutes les attentes, les grèves se déclenchèrent avec occupation des usines. Ce qui ne s'était encore jamais vu à Bordeaux. C'était une grande première : des ouvriers qui se permettaient d'occuper leurs usines, ça faisait scandale dans les milieux patronaux !

Naturellement, nous allions dans ces usines occupées. À l'entrée, les femmes portaient à manger à leurs hommes et nous, pour les distraire, nous nous produisions. Le jeudi après-midi, on se retrouvait à la SATM ou à la SEMPA et dans deux ou trois autres entreprises. Notre répertoire n'avait pas changé : chants révolutionnaires et danses folkloriques.

D'autres activités des pionniers seront toutefois mises en place sous l'impulsion du Front populaire. Le ministre Léo Lagrange, chargé de l'organisation des Loisirs et des Sports, avait relancé le sport à l'école. On passait donc, une partie du jeudi, sur le terrain de la Prolétarienne Sportive Béglaise aujourd'hui devenu le stade Serge-Duhourquet. Il y avait un terrain de basket et un grand pré sur lequel la municipalité avait accepté d'aménager une piste en cendrée et un sautoir pour l'athlétisme. On jouait essentiellement au basket ou à une espèce de football, mais à la main, pas au pied. Ce n'était pas non plus vraiment du rugby, c'était un peu de tout en fait !

* * *

1936, la guerre embrase l'Espagne. Franco débarque avec ses Marocains et engage la lutte contre la République, contre *el Fronte popular.* Comme la France, l'Espagne avait élu un gouvernement de Front populaire. Bien entendu les fascistes, les grands bourgeois et les religieux catholiques extrémistes lui étaient totalement opposés. Selon eux, le Front populaire allait faire la révolution et tout interdire ! Franco s'est servi de cette situation tendue pour envahir l'Espagne.

Au Secours populaire, on discutait en réunion des raisons et de la façon d'aider les Républicains. Franco, lui ne manquait pas de soutien. Salazar gardait la frontière du Portugal, Mussolini le fournissait en chars d'assaut et Hitler avait installé des bases militaires aéronautiques en Espagne. Avec ses bombardiers Heinkel et Messerschmitt, il détruisait les arrières des troupes républicaines. Les victimes civiles de tout âge étaient alors très nombreuses. Nous avons commencé à recueillir des fonds pour aider les enfants à se soigner et à se vêtir. On collectait dans les rues, à la sortie des usines et le dimanche matin à la porte de l'église Saint-Delphin. On a ainsi récolté des sommes appréciables.

De nombreux réfugiés fuyant les villes espagnoles meurtries commençaient à arriver, notamment des enfants. On avait décidé d'en « adopter » deux ou trois dont une fillette blonde qui est restée en France pendant presque toute la guerre d'Espagne. Elle s'appelait Liberté, c'était un signe. Elle est passée de famille en famille et mes parents l'ont hébergée. À la fin de la guerre civile, elle est retournée dans son pays et je ne sais pas ce qu'elle est devenue.

L'essentiel de notre action aux pionniers consista donc durant cette période à collecter des fonds et à nous produire dans les goguettes. Mais les évolutions de la guerre en Espagne donnèrent lieu, dans nos réunions du jeudi, à des discussions animées. La « camarade » nous commentait les événements, le combat des Brigades internationales dans lesquelles des Bordelais, les deux frères Allo, le docteur Nancel-Penard et d'autres encore s'étaient portés volontaires. J'avoue qu'à l'époque, dans l'Humanité, je lisais Pif le chien en premier.

Lorsqu'en 1938, j'ai eu fêté mes 14 ans, je ne pouvais plus être membre des pionniers du Secours populaire, en raison de la limite d'âge statutaire. Six ou huit mois plus tard, j'adhérais aux Jeunesses communistes.

Mon entrée dans la vie active

Pour moi, l'école était terminée. La scolarité avait été prolongée de 13 à 14 ans par le Front populaire qui, à deux mois de la rentrée de septembre, n'avait pas pu concevoir et mettre en place un programme pour les élèves de cette tranche d'âge. Ce sont donc les directeurs d'école qui essayèrent d'approfondir un peu les cours du certificat d'études primaires qui se passait alors à treize ans. Notre directeur nous apprit un peu d'algèbre, ce qui était formidable! Mes sœurs, elles, étaient rentrées au cours supérieur, puis en apprentissage de sténodactylo, métier en vogue à l'époque. C'était aisé alors de trouver du travail dans ce domaine. Ainsi toutes les deux avaient poursuivi leurs études. Mon père m'avait expliqué que je n'avais pas besoin de continuer l'école car en tant que fils de postier, je rentrerai aux PTT tout naturellement et là je pourrai passer les concours et même devenir directeur! Plus sérieusement, à la maison, seul mon père travaillait et je crois que l'état des finances familiales ne permettait pas de payer des études aux trois enfants.

J'arrêtais donc l'école à 14 ans, en juillet 1938.

Je rencontre un copain, Roland Mensincal, qui me dit: « Si tu veux travailler, je viens de quitter une entreprise, tu pourrais m'y remplacer. » C'était l'entreprise Gré à Bègles. On y faisait du soufre noir que le service commercial exportait en Algérie pour traiter les vignes implantées par les colons. Je ne sais d'où venait ce soufre noir, ce que je sais c'est que les résidus de sa fabrication étaient déversés dans les marais situés dans le prolongement de l'usine, au niveau du parc de Mussonville aujourd'hui. Cette décharge s'étendait chaque jour davantage. On y avait posé des rails et un wagonnet permettait de pousser toujours plus loin le déversement des déchets. Plus tard, l'usine sera fermée.

Ses bureaux se trouvaient 14, cours du Chapeau-Rouge. C'est là que mon copain m'a présenté. Mon travail consistait à remplir les documents pour l'exportation de soufre et de sulfate vers l'Algérie. Il fallait faire les démarches auprès de la douane puis à la Compagnie transatlantique ou chez Worms, les deux seules compagnies qui assuraient alors le voyage Bordeaux-Alger. Je devais en outre effectuer les diverses courses nécessaires au bon fonctionnement des bureaux: aller chercher du papier, des stencils pour les ronéos, des rubans pour les machines à écrire... Enfin, chaque semaine, j'allais à la banque, récupérer la paye du personnel, que je transportais dans un cabas noir de ménagère afin de passer inaperçu! Je gagnais 300 francs par mois puis au bout d'un an, 350 francs, sans jamais avoir rien demandé. Cet argent, je le donnais fièrement à ma mère, à chaque fin de mois. J'ai travaillé dans cette entreprise jusqu'à la fin novembre 1938.

Pendant cette période, j'avais postulé un emploi aux PTT et j'avais été convoqué à un entretien d'embauche. Mais mon père m'avait alors conseillé de patienter car ce n'était pas pour un emploi définitif. Fin novembre, une nouvelle convocation m'est adressée et, cette fois, mon père m'a permis d'y répondre. Je suis donc entré aux PTT, le 1er décembre 1938.

J'étais jeune, je n'avais pas 15 ans. Mon poste fut donc facteur-télégraphiste. À l'époque, il y avait très peu de téléphone dans les familles, tout se passait par télégrammes: les confirmations, les nouvelles à donner... Je portais les télégrammes. C'est ainsi que j'ai appris à connaître toutes les rues de Bordeaux. On couvrait l'ensemble des secteurs de la ville, toujours à bicyclette bien entendu.

Quand j'ai commencé à travailler chez Gré, mon père m'avait acheté un vélo. Jusque-là je n'avais eu que de vieux « clous », récupérés à droite et à gauche. J'ai eu cette fois un vélo porteur tout neuf. Une nouveauté, il avait des freins rétro et un petit guidon tout droit. Ce petit guidon, disait-on, est précieux quand tu portes une fille sur le cadre, tu peux lui serrer la taille. C'était extraordinaire! Mais je n'ai pas eu le temps de trouver une fille à porter sur mon cadre! Trop rapidement, on m'a volé le vélo. Il a fallu que j'en rachète un autre. Avec mon père, on est revenu chez le vendeur de bicyclette cours Victor-Hugo. Le vélo nouvellement acheté ne semblait pas en très bon état, mais le marchand le vendait quand même pour neuf. Plus tard, je comprendrai pourquoi cette machine n'apparaissait pas fraîche sortie d'usine, le spécialiste des cycles avait bricolé un vélo volé.

* * *

C'est lorsque j'entre aux PTT que j'adhère aux Jeunesses communistes. À Bègles, en 1939, il y avait deux cercles: le cercle Marcel-Cachin qui tenait ses réunions dans un bar « Chez Bonis », route de Toulouse, en face de l'entrée de l'hôpital Robert-Piqué, et mon cercle, le cercle Maurice-Thorez qui disposait d'un petit local prêté par un commerçant, rue de la République.

En septembre 1938, les accords de Munich sont signés. Ainsi, la France et l'Angleterre ont fait cadeau des Sudètes à Hitler qui s'empressa d'ailleurs d'envahir toute la Tchécoslovaquie. Il faut se rappeler que Daladier et Reynaud, revenant de signer ces accords, ont été accueillis à l'aéroport d'Orly, à leur grand étonnement, par les acclamations de la foule. Daladier aurait glissé à Chamberlain : « Les cons ! ». Conscients du danger, ils avaient pourtant signé.

Quant aux journaux, ils répétaient que les députés avaient exprimé la pensée du pays, en adoptant les accords de Munich le 4 octobre : « Ils ont voté pour l'accord, pour la paix ». Seuls les soixante et onze députés communistes avaient voté contre et donc selon la presse, contre la paix. Les journaux argumentaient :

« Ils se sont démasqués en votant contre un accord qui interdit à la France la mort atroce et inutile de plusieurs millions de ses enfants, les meneurs confédérés ont mesuré qu'ils étaient pour la guerre. Ils veulent la guerre en gros pourquoi ? Parce que Staline l'a dit : la guerre est la meilleure occasion pour la révolution. Français, vous voilà avertis : exigez la dissolution du Parti communiste. »

C'était le style de la propagande de l'époque. Le Parti communiste a publié un article qui contredisait le reste de la presse et qui expliquait point par point ce qu'était en réalité le diktat de Munich. Ces commentaires ne paraissent que dans *l'Humanité* du 10 octobre 1938, et peu de gens les lisent. Par contre, tous ont lu le communiqué précédent.

Aux Jeunesses communistes, c'était la pression pour sortir au plus vite une série de tracts afin d'expliquer la vérité sur ces accords. La tâche s'avérait plus que difficile. Quand on disait : « Le pacte de Munich, c'est la guerre », on nous répondait : « Non, c'est la paix. » On se faisait plutôt rabrouer qu'écouter.

Rapidement, je fus chargé par mon cercle de quelques responsabilités. Il y avait un quartier, autour de l'église Saint-Delphin, où semblait-il n'était pas distribué *l'Avant-Garde*. On m'a confié cette mission. Je criais devant l'église : « Demandez et lisez l'Avant-Garde, organe des Jeunesses communistes. » Il y avait bien quelques habitués auxquels je portais le journal à domicile, mais généralement les gens ne se sont pas précipités pour m'acheter *l'Avant-Garde*.

En août 1939, j'ai participé avec les Jeunesses communistes à la fête organisée par le Secours rouge international au moulin de Monjous à Gradignan. Nous y avions un stand. Ce moulin existe toujours. Je n'ai pas connu le propriétaire qui tous les ans prêtait pour l'occasion son champ sur le bord de l'Eau Bourde, ce petit ruisseau d'eau claire. Je suppose qu'il devait être ami avec Henri Souques, militant communiste et propriétaire du moulin précédent, le moulin du Moulineau, où on lavait le linge des hôtels-restaurants de Bordeaux. On y voyait les lavandières avec leurs planches à laver en longeant la route qui menait à Gradignan. C'est dans ce moulin que Charles Tillon s'était réfugié et qu'il écrivit son appel à la résistance le 17 juin 1940.

Tous les ans, au cours de la fête, on pouvait se baigner dans l'Eau Bourde. Sur ses berges, il y avait un peu de sable, ça faisait une plage. Ce qui était « choquant » pour l'époque c'est que les jeunes filles se mettaient en maillot de bain pour se baigner et se dorer au soleil, et comme il y avait un orchestre de bal, elles restaient en maillot pour danser. On entendait : « C'est dégoûtant ! » Le mouvement des « Jeunes Filles de France » avait été créé en même temps que les Jeunesses communistes. Dans le parc, elles aussi avaient un stand. Très modernes, elles portaient les cheveux courts et se coiffaient éventuellement d'un béret, c'était une révolution ! Je crois même qu'elles raccourcissaient leurs jupes et que certaines supprimaient leur combinaison. Je me souviens des scènes que ma grand-mère faisait à ma sœur Simone : « Comment, tu n'as pas de combinaison ? Tu es toute nue ma fille ! » En effet pour elle, une fille honnête se devait de porter une combinaison sur sa chemise. Nous n'en étions qu'au tout début de l'émancipation des femmes !

* * *

En août 1939, le Pacte de non-agression germano-soviétique est signé. Dans la presse française, on passe sous silence le terme « non-agression », et cela devient purement et simplement, pacte d'alliance. Ce glissement sémantique polluera pendant des décennies les analyses de cette douloureuse période. La Russie aurait donné un coup de poignard dans le dos aux deux autres pays antifascistes : la France et l'Angleterre. Pour ma part, je n'y croyais pas: impossible que l'URSS soit l'alliée de l'Allemagne; c'était une chose impensable. Ce que je confirme aujourd'hui, avec d'autres arguments.

On oublie, je l'ai appris après la guerre en lisant notamment les papiers secrets du général Doumenc qui conduisait la délégation française à Moscou[1], que l'Angleterre, la France et l'Union soviétique avaient eu des discussions pour mener une stratégie commune contre le fascisme hitlérien. Les délégations s'étaient réunies au Kremlin à la demande de Moscou. L'URSS avait alors donné son accord aux représentants de la France et de l'Angleterre pour signer un traité d'alliance militaire dirigé contre Hitler. Mais son absence de frontière commune avec l'Allemagne faisait problème. Il fallait l'accord de la Pologne pour passer par ce pays. Refus immédiat de Varsovie: pas question que des troupes soviétiques entrent en Pologne. Nouvelles discussions, l'URSS propose d'interroger la Roumanie, mais le gouvernement quasi fasciste du pays (qui d'ailleurs s'est rallié rapidement à Hitler) refuse également le passage des troupes soviétiques sur son territoire. De ce fait, l'accord ne peut pas se réaliser. La délégation française, venue pour discuter, n'avait d'ailleurs pas le pouvoir de signer un tel accord. C'est à ce moment-là que Staline négocie avec Hitler un pacte de non-agression. Il a besoin de temps parce qu'il a commis une sinistre opération en fusillant ses principaux cadres militaires et qu'il doit maintenant réorganiser l'Armée rouge. Il lui faut facilement une année.

Ce pacte de non-agression devient le prétexte à un déchaînement anticommuniste. La « chasse aux communistes », comme le dira Henri Amouroux, est ouverte. Au matin du 24 août, dans tous les journaux, le vieux réflexe anti-rouge joue à plein. On retrouve le même schéma d'argumentation dans la presse socialiste et dans la presse d'extrême-droite: les communistes sont des traîtres; s'ils ne renient pas leur idéal et leur parti, ils doivent être mis au ban de la société.

Nos gouvernants voulaient sans doute faire oublier qu'ils ont eux-mêmes contribué à développer la puissance d'Hitler. Ils n'ont pas empêché son intervention en Espagne. Ils l'ont laissé réarmer la Rhénanie, envahir l'Autriche et, à Munich, ils lui ont livré la Tchécoslovaquie. Pire, dans la foulée, le gouvernement Daladier a accéléré le processus pour une entente

1 DELPLA François, *les Papiers secrets du Général Doumenc* - un autre regard sur 39-40, Olivier Ordan, Paris, 1992.

franco-allemande. Georges Bonnet, ministre des Affaires étrangères, mène les négociations. Hitler accède à la demande française. Ribbentrop le 5 novembre 1938, propose à la France un accord de bon voisinage et de consultation mutuelle. Le 6 décembre, il arrive à Paris pour la signature. Ce « bon voisinage » sera renforcé par les accords économiques de février 1939. Georges Bonnet déclarera : « C'est une première étape. Elle nous ouvre des perspectives de collaboration confiante... »[(2)]

Dans le numéro du 25 août du journal *Ce Soir,* Aragon avait pourtant précisé : « Je veux ici répéter et réaffirmer que rien n'est changé, le plus grand danger pour la paix est le danger hitlérien, que la lutte contre l'hitlérisme menée depuis toujours par les antimunichois que nous sommes (...) nous paraît toujours devoir être mené sans merci. » *L'Humanité* du même jour, titrait sur toute sa une : « Union de la nation française contre l'agresseur hitlérien. » *La Vie Ouvrière,* le journal des unitaires de la CGT, ne fut interdit que fin septembre, ce qui permit à Gaston Monmousseau d'écrire dans le numéro du 7 septembre : « L'Europe demain ne sera pas hitlérienne : Hitler est, au titre de dirigeant du plus grand état totalitaire, l'ennemi numéro un de toutes les classes laborieuses. »

Malgré cela, le gouvernement Daladier tire une rafale de décrets-lois. Les journaux à tendance communiste sont interdits ; les députés, les maires et les conseillers généraux déchus de leur fonction. Les dirigeants réformistes de la CGT soutiennent l'action gouvernementale. Jacques Fauvet, dans son *Histoire du Parti communiste français,* assimile le rôle du secrétaire de la CGT. Léon Jouhaux à celui de ministre de l'intérieur dans la chasse aux sorcières. À Bordeaux, le maire Adrien Marquet donne le ton. Il exclut de la Bourse du travail les syndicats de la construction, de la couture, de la métallurgie, des cuirs et peaux, comme étant pro-communistes. Léon Blum dira de toutes ces interdictions : « C'était inévitable. »

* * *

[2] J. Levy et S. Pietri, *De la République à l'Etat Français, 1930-1940, les chemins de Vichy,* l'Harmattan, Paris, 1996, p.163.

Le Parti communiste interdit, les Jeunesses communistes interdites, la Coopérative ouvrière de Bègles démantelée. Les gérants de celle-ci, Laurent Puyoo et son épouse[3] ainsi que leurs deux enfants sont obligés de se trouver un logement place du Prêche où ils habiteront un temps. La Prolétarienne Sportive Bèglaise a également pâti de cette situation. Mon père, qui en était le président, est convoqué au commissariat de police. Le commissaire lui explique qu'il a des instructions et qu'il est obligé de dissoudre cette association sportive à cause de son nom de prolétarienne susceptible de faire « lever les foules ». Après discussion, ils arrivent à un accord, on supprime le terme « prolétarienne » pour le remplacer par « association ». Ce qui fut fait. L'ASB, Association Sportive Bèglaise, existe toujours.

Bien entendu, nous, les Jeunesses communistes, comme le Parti communiste, ne renonçons pas à la lutte et c'est donc grâce à la création d'une organisation clandestine, appelée l'O.S., l'Organisation Spéciale, que nos activités pourront continuer.

En 1945, l'Organisation Spéciale sera reconnue comme organisation de la Résistance. Elle était devenue en 1941, Front national pour la libération de la France puis en 1942, Francs-tireurs et partisans français.

[3] Laurent Puyoo tombera au camp de Souge avec les cinquante premiers fusillés. Son épouse, Thérèse sera déportée et décédera à Auschwitz.

21/02/40 : L'arrestation

Je contacte mon camarade Ayral, le secrétaire du groupe Maurice-Thorez des Jeunesses communistes, en lui disant qu'il ne faut pas baisser les bras, qu'il faut continuer à agir contre les gouvernements français et britannique. Reçu par Hitler à Berlin, Chamberlain quelques jours avant la signature du pacte de non-agression germano-soviétique n'avait-il pas affirmé que, si le IIIe Reich attaquait l'Union soviétique, il serait assuré de la neutralité des Britanniques.

Avec André Lecourt, secrétaire adjoint de la direction régionale des J.C, nous achetons à Monoprix, rue Sainte-Catherine, le petit matériel qui nous est nécessaire : un alphabet de lettres en caoutchouc, un encreur et un rouleau de papier collant. C'est avec ces moyens de fortune que nous réalisons un premier tract. Sa pose en est aisée. On humecte le papier collant dans l'eau d'un caniveau et on plaque le tract sur un poteau téléphonique ou une bordure de trottoir.

J'ai enveloppé dans du papier quelques-uns de ces tracts pour les faire parvenir à Manolo Abril, membre de l'autre cercle des JC de Bègles. Me disant en congé maladie et donc tenu de rester à la maison, j'ai confié à mon voisin Yves Combes - qui ignorait tout - le soin de porter le paquet chez Manolo.

C'est Emilia, la sœur de Manolo, qui le reçoit : « Voilà, de la part de Jo Durou. » Manolo récupérera les tracts, il en collera même quelques-uns. Aura-t-il quelques paroles imprudentes chez le coiffeur ? Toujours est-il que les flics sont alertés. Ils se rendent chez lui, Émilia les accueille, les questions fusent. Pressée de toutes parts et prise de panique, Émilia concède : « Oui, j'ai reçu un paquet pour mon frère de la part de Jo Durou. »

Les flics se précipitent chez moi. Ma mère leur répond sur le pas de la porte : « Jo travaille, mais il va bientôt rentrer. » Du coin de la rue, je vois ma mère, les flics et le panier à salade devant la maison.

Les flics : « C'est vous qui avez porté des tracts chez les Abril ?

Moi : Je n'ai rien porté chez les Abril. »

On m'embarque aussitôt pour me confronter à Émilia.

Émilia : « Oui, c'est Jo Durou.

Moi : Mais je ne vous connais pas ! Je ne suis jamais venu ici !

Émilia : Non, ce n'est pas lui qui a porté le paquet, c'est Yves Combes. »

Retour à la maison.

Le commissaire ordonne la perquisition. Les flics ne trouvent rien. L'un d'entre eux avait bien soulevé la housse de la machine à écrire : « On voit bien qu'il y a des dactylos ici… » Il n'a pas cherché plus loin. Heureusement, il restait un stencil de *l'Avant-Garde* sur le rouleau ! Ma mère, durant notre absence, avait récupéré tous les documents compromettants et, en passant par les jardins, les avait portés chez notre voisin André Duvignau. L'affaire paraissait tourner court quand le gardien de la paix Daroussesse soulevant le couvercle d'un petit coffret de bois posé sur ma table de nuit, découvre deux tracts. Il exulte. Le commissaire aussitôt m'interroge.

Moi : « Ces tracts ? Je les ai trouvés dans ma boîte aux lettres. »

Je suis arrêté immédiatement avec Yves et Manolo.

23/02/40 : Fort du Hâ

Au commissariat de Bègles du 21 au 23 février, l'inspecteur Lafargue de la brigade spéciale du commissaire Poinsot est venu m'interroger. Il voulait avec beaucoup d'insistance me faire avouer qui m'avait fourni les tracts, m'indiquant qu'il savait que c'était André Lecourt. Il n'a jamais cru une seconde que je les avais trouvés dans ma boîte aux lettres, malgré mon obstination à le prétendre. La décision de me mettre hors d'état de nuire fut alors prise. J'étais devenu un individu dangereux pour la sécurité publique ! Départ dans le panier à salade, vers 19 heures, avec mes deux complices, direction la prison.

Ce voyage et l'arrivée au fort du Hâ me laissent un souvenir ineffaçable et indéfinissable. Tout un mélange de sentiments contradictoires. L'inquiétude, qu'allais-je trouver dans cet univers où l'on enfermait des gens peu recommandables ? Des voleurs certes, mais aussi des criminels et que sais-je encore ! J'imaginais toute une série de situations rocambolesques que les gardiens apparemment satisfaits du spectacle laisseraient se développer et dont je sortais plutôt meurtri. Parfois, au contraire je m'en tirais à mon avantage, assez satisfait de moi. Mais l'inquiétude demeurait. Je scrutais mes deux compagnons, en particulier Yves qui n'avait servi que d'intermédiaire. Tous les deux restaient apparemment impassibles.

Enfin le panier à salade s'arrête devant la prison. Je connaissais bien sa large porte de fer pour y être venu plusieurs fois porter des télégrammes. Je connaissais cette rue sans nom qui sépare le tribunal de la prison, facilitant le transfert des prévenus. J'y passais quelquefois pour aller du cours d'Albret au cours du Maréchal-Foch… L'inspecteur frappe, le volet du judas s'entrebâille, le gardien jette un coup d'œil, il a compris. Un des battants de la porte en fer s'ouvre presque en même temps que les deux portes du panier à salade. Nous descendons, encadrés par les gardiens de la paix et l'inspecteur Lafargue et passons au greffe où l'on enregistre nos identités. Notre escorte repart en nous laissant entre les mains des gardiens de prison. Eux ne savent rien de notre forfait ; jusqu'à ce jour, ils n'ont connu que des droits communs. À leurs yeux, nous sommes nous aussi de la même espèce.

Quelques jours plus tard, ayant été appelé à la porte d'entrée pour récupérer le linge que m'avaient apporté mes parents, un gardien m'interpelle et me demande d'un air goguenard, voulant sans doute se délecter du récit de mes forfaits : « Alors pourquoi es-tu là toi, si jeune ? » Et son collègue de renchérir : « Il n'a sûrement pas donné deux sous à un pauvre ! » Je réponds : « Contrairement à ce que vous croyez, je ne suis pas un droit commun, je suis un prisonnier politique. » J'avais été informé à la maison par les confidences de mon père. Durant la guerre du Rif, deux communistes de Bègles avaient été arrêtés pour avoir, par voie de tracts, incités les soldats à refuser de faire la guerre à la population marocaine. Les avocats avaient alors réclamé que l'on applique pour eux pendant leur incarcération le régime politique, qui était beaucoup plus doux que celui des droits communs. Interloqués, les deux gardiens se sont tus.

Les démarches administratives terminées, on nous conduit à la fouille. Déshabillage. Nous voilà à poil. Nos gardiens inspectent nos vêtements, rien de suspect. Maintenant, à la douche. Mais auparavant : « Baissez-vous, avec vos mains écartez vos fesses, toussez fort, encore plus fort ! » Douchés, on nous donne une serviette. On se rhabille et un gardien, pour avertir ses collègues, crie d'une voix forte : « Dortoir de la chapelle… deux prévenus ! » Mes deux copains sont conduits au bout d'un couloir et par un escalier en fer, ils disparaissent vers le premier étage.

« Quartier premier, un jeune prévenu ! »

Avec le gardien, je me dirige vers cette immense rotonde de trente mètres de diamètre et autant de hauteur, d'où partent trois couloirs, à gauche celui vers la chapelle où sont partis mes deux copains, à droite, un très long couloir dont je ne distingue pas la fin et au milieu un couloir entre deux étages ayant de chaque côté un alignement de portes de cellule, des portes en bois, peintes en noir, munies de gros verrous et percées d'une petite ouverture carrée, fermée par un volet en fer qui permet au gardien de regarder à l'intérieur sans être vu.

Tout en me dirigeant vers le premier étage, l'appréhension d'être enfermé dans une cellule m'envahit brutalement. Cette inquiétude sourde me comprime la poitrine au point que j'ai des difficultés à monter l'escalier. Essoufflé, je me hisse difficilement à chaque marche, tenant la rampe en fer et tirant chaque fois sur mon bras droit pour soulager la jambe d'appui. Le gardien s'est déjà arrêté deux fois pour m'attendre. « Allez ! », dit-il en se retournant, un peu intrigué qu'un jeune ait de telles difficultés à monter quelques marches. Nous voilà enfin au premier étage. A la troisième cellule, le gardien s'arrête, il ouvre à grand bruit le gros verrou, fait tinter le trousseau de clefs qu'il tenait à la main pour en choisir une, ouvre une serrure, puis prenant une autre clef ouvre la seconde serrure. Il tire enfin la porte et je découvre la cellule : deux mètres cinquante sur deux mètres environ, peinte à la chaux, un plafond un peu voûté, qui accentue l'impression d'enfermement et qui vous fait instinctivement incliner la tête et, en haut du mur du fond, une petite fenêtre vitrée qui cache de gros barreaux de fer entre lesquels on ne peut passer qu'un bras. Chaque jour, ces barreaux seront frappés par un gardien muni d'une barre de fer, pour s'assurer qu'il n'y a pas de descellement.

Au milieu de la cellule, debout, trois jeunes gens me regardent. Hirsutes, ils portent de longs cheveux en broussaille et sont vêtus de grandes chemises gris-beige, un peu délavées sur lesquelles sont estampés en noir de nombreux tampons : PRISON. Ils seront mes trois compagnons de cellule. Je n'ai que peu de temps pour explorer les lieux. Le gardien m'intime l'ordre de me déshabiller et me fait signe de poser mes vêtements sur le grillage. Entre les deux rangées de cellule qui se font face à l'étage, un grillage recouvre le couloir du rez-de-chaussée pour éviter que les prisonniers aient l'envie de se suicider en se jetant dans le vide. J'obtempère et me voilà en slip et tricot de corps. Le gaffe[4] me fait signe d'entrer dans la cellule, la porte se referme. Nouveau bruit de clefs et de serrure et pour terminer le grincement du verrou. Le tintement des clefs s'éloigne, puis c'est le silence.

Je me tourne vers mes compagnons et aussitôt fusent les questions auxquelles ils répondent avant même que j'ai pu ouvrir la bouche : « Pourquoi es-tu là ? Tu as b… ta mère ou ta sœur ? Ou peut-être ta grand-mère ? » J'en passe. Ils rient à gorge déployée. Je les écoute imperturbable. Au bout de quelques minutes à se regarder en silence, je leur dis : « Vous voulez savoir pourquoi je suis là ? Parce que j'ai distribué des tracts qui ne plaisent pas au gouvernement Daladier/Reynaud. » Ils me regardent, un peu hébétés. Sans transition, je leur dis : « Où est-ce que je couche ? » C'était le moyen pour être un peu tranquille et faire le point sur ces deux jours qui bouleversaient ma vie. Mes codétenus m'indiquent une paillasse qui est en double sur le lit en fer. Le plus âgé me dit : « Si tu veux on te laisse le lit, nous, on a l'habitude, on couche par terre. » Un

4 Un gaffe est un gardien en argot des prisons.

peu étonné par ce geste, je leur dis merci avec un sourire. Eux aussi souriaient et je saurai bientôt pourquoi. Je soulève la deuxième paillasse qui était sur le lit et je la dépose sur le vieux plancher aux larges lames de bois qui visiblement ont beaucoup souffert. Je m'enveloppe dans la couverture que le gardien avait laissée au pied de la porte, je m'allonge et je ferme les yeux pour laisser croire que je souhaite dormir. Dormir, j'aurais bien voulu!... Mais à peine avais-je fermé les yeux que repasse le film de ces deux jours. Je pense à mes deux copains et surtout à Yves qui a uniquement servi de messager. Il n'était vraiment pas dans le coup et risquait d'être considéré comme complice. Des questions sans réponses m'obsèdent, notamment celle qui m'inquiète le plus: ai-je eu raison de dire à l'inspecteur Lafargue que j'avais trouvé ce rouleau de tracts dans la boîte aux lettres? Il pouvait être destiné à mon père comme l'inspecteur me l'avait fait remarquer. Certes, j'avais beaucoup insisté pour assurer que mon père était opposé au Parti communiste, que c'était impossible qu'il ait sa carte car je l'avais toujours entendu critiquer les positions de ce parti. J'avais même été jusqu'à dire pour mes sœurs qu'elles pensaient « plutôt aux garçons. » J'étais relativement rassuré par la remarque du policier qui en voyant la machine à écrire, s'était exclamé: « On voit bien ici qu'il y a des dactylos! » Mais le commissaire pouvait réfléchir, prendre des empreintes sur le clavier de la machine à écrire et les comparer avec les lettres des tracts déjà tirés ou celles de *l'Avant-Garde,* le journal des Jeunesses communistes.

Je tournais et retournais ces idées dans ma tête, elles s'enchevêtraient. Je n'en trouvais pas une qui m'aurait un peu assagi. Mais voilà qu'un autre souci m'empêcha de trouver le sommeil. J'avais l'impression de ressentir des piqûres sur tout le corps. J'essayais de comprendre. Je cherchais avec ma main et trouvais un insecte que j'écrasais. Je le sors de la couverture, une très mauvaise odeur se répand. J'appris le lendemain que c'était une punaise rouge - je n'en avais jamais vue - mais elle n'était pas la seule. Je compris pourquoi mes codétenus m'avaient fait l'honneur du lit, dans tous ses recoins, elles grouillaient. J'étais arraché à la ronde de mes hypothèses douloureuses et je me consacrais à la chasse aux punaises.

Ainsi le jour arriva. Un besoin naturel gonflait ma vessie. Je demandais où je pourrais me soulager. On me montra le coin près de la porte. J'aperçus dans le mur qui faisait facilement cinquante centimètres d'épaisseur, un renfoncement au bas duquel se trouvait une cuvette de W.C. à la turque. Après m'être appliqué à satisfaire mon besoin sans salir le mur peint en noir, je me posais la question : « Et pour le reste ? » Je n'eus pas à attendre longtemps, le plus jeune des comparses se précipite, descend son caleçon et s'accroupit. Aussitôt, les commentaires commencent… sur la couleur des excréments, leur forme, leur dureté, leur rapport avec la nourriture de la veille, comment se comporte la verge, etc. Ce fut un moment de détente générale. On oubliait tout !

Un bruit de clefs et de verrous se répercute dans le couloir et se rapproche de notre porte. On ouvre. Le petit-déjeuner. Un quart de café et une tranche de pain de quatre centimètres d'épaisseur taillée dans une miche de quatre livres. J'apprends que les jeunes détenus ont un régime alimentaire particulier. Le midi : une gamelle de soupe surmontée d'une soucoupe contenant un morceau de viande et des pommes de terre bouillies ; le soir : une soupe assez consistante. À ce régime et sans exercice, j'ai pris rapidement quelques kilos.

Le plancher de la cellule étant très sale, je demandais qui était chargé du nettoyage. Il me fut répondu que je n'avais qu'à taper à la porte et poser la question. J'entends le bruit des clefs, le gardien ouvre et demande : « Qu'y a-t-il ? » Je lui explique. « Bien ! » Il appelle le prisonnier de l'étage qui s'occupe du nettoyage et en deux mots lui fait part de ma question. L'homme s'en va et revient quelques minutes après muni d'un lave-pont et d'une serpillière. « Voilà ! », me dit-il. Il se retire et le gardien ferme la porte. Je me tourne vers mes codétenus et leur lance : « Alors ? » La réponse est immédiate, presque en chœur : « C'est toi qui as demandé ! Alors c'est à toi de laver. » Pas de robinet, pas de seau, il ne reste que la chasse d'eau des W.C. Celle-ci est au ras du trou d'évacuation. Je jette la serpillière dans le trou, j'en tiens un bout d'une main et de l'autre, j'appuie sur la chasse d'eau. Voilà ce qui me servira de seau. Je commence le nettoyage sous le regard goguenard des trois autres garçons. Mais cet exercice me donne une idée. Cela fait trois jours que je ne me suis pas lavé et on ne va à la douche que tous les quinze jours, m'a-t-on dit. Je comprends que le W.C. peut aussi servir de lavabo. Je bouche le trou d'évacuation avec la serpillière, la cuvette remplie, je me débarbouille à l'ancienne.

L'atmosphère commençait à se détendre dans la cellule. J'appris que mes codétenus habitaient le quartier Verthamon à Pessac et qu'ils volaient des voitures. « Pour aller se promener ! » disaient-ils. Je reçus la visite de mon avocat, Me Moynet, que mes parents avaient sollicité. Il m'apporta quelques apaisements concernant la gravité de mon délit et fut relativement bref. Pour ma part, je n'avais rien à dire de plus que ce qu'il y avait dans le dossier. Puis un jeudi, je suis appelé au parloir.

Il faut l'avoir vu pour comprendre dans quel état les familles et le prisonnier sortaient de ce parloir. J'aurais souhaité avoir des compléments d'information sur mon affaire, s'il y avait eu d'autres arrestations, qu'était devenu le matériel d'impression à la maison, les stencils, le papier. Je fus dans l'incapacité de prononcer une phrase audible par ma mère et mes deux sœurs. Imaginez un couloir de deux mètres de large et quinze mètres de long, les cloisons de chaque côté du couloir sont en grillage et nous séparent de nos parents. Dans ce couloir, circule un gardien qui tente de saisir les conversations sur les sujets à ne pas aborder, notamment sur toute affaire pénale. Les parents ne peuvent se mettre côte à côte en raison du nombre de détenus qui eux se touchent. Ils sont donc les uns derrière les autres, augmentant leur distance avec le détenu. Il faut parler fort, très fort, quelquefois crier, pour ne pas toujours être entendu. Il régnait un tumulte indescriptible dans ce parloir où s'entassaient une cinquantaine de personnes et quelques bébés en pleurs.

Je sortis de cette première rencontre complètement abasourdi et je n'étais pas le seul. Je n'avais pas réellement parlé à mes parents; ils m'avaient vu seulement remuer les lèvres. Je les avais entendus de la même façon, décryptant quelquefois un mot puis un autre et tentant par la suite de reconstituer la phrase. Je retournais dans ma cellule où naturellement, mes codétenus m'accablèrent de questions. « Tes parents t'ont-ils engueulé? Que t'ont-ils promis à la sortie?... La sortie, ce n'est pas pour demain. On va t'envoyer dans un centre de redressement, à Belle-Ile, tu en as jusqu'à ta majorité... Tes 21 ans! » Ils ne croyaient pas si bien dire. Ce ne fut pas du tout Belle-Ile mais bien pire.

Nous sommes le 2 mars 1940, jour de mon seizième anniversaire. Je pense à ma mère et me demande si elle tiendra le coup, à mon père qui sûrement essaie de minimiser auprès d'elle la gravité de mes actes; à mes deux sœurs, inquiètes elles aussi. Je me souviens de mes précédents anniversaires, de la joie de la famille, des gâteries offertes, et je suis là aujourd'hui, sans savoir de quoi demain sera fait. La journée sera morose et je reste renfermé.

Aujourd'hui je revois mon passé, mais alors je ne savais pas que je passerai six anniversaires privé de liberté. Pourtant, je me pose encore et toujours la même question: comment ai-je pu tenir le coup durant toutes ces années où j'ai vu tant de camarades succomber et tant de cadavres squelettiques s'amonceler?

Les jours s'écoulèrent lentement. Tous les matins, de 9 heures à 10 heures, nous prenions un grand bol d'air dans la cour de la prison. Elle était bordée par le quartier des cellules, celui des condamnés, par le chemin de ronde et par un mur de trois mètres de hauteur qui nous séparait de la rue. Nous tournions les uns derrière les autres autour d'un espace circulaire cimenté au milieu de cette cour. On marchait, le regard posé sur le haut de la cathédrale Saint-André et de la tour Pey-Berland.

Un jour, un gardien trouvant sans doute sa garde monotone, nous demanda d'accélérer le pas au maximum, avec autorisation de doubler. Cet ordre me convenait très bien. Très vite je prenais la tête, dépassé aussitôt par un tout jeune garçon auquel j'emboîtais le pas. Il ne fallait pas courir, nous faisions de la marche athlétique. Nous étions encouragés par les cris du gardien qui assistait au spectacle se croyant peut-être sur un stade en train d'encourager ses favoris. Puis, changeant de ton, il apostrophait un traînard : « Hé, toi là-bas avec ton gros derrière, tu vas te bouger un peu ! » Pour moi cet exercice était le meilleur moment de la journée. Malheureusement, les gardiens ne restaient pas longtemps au même poste. Le nôtre parti, la promenade du matin redevint un triste piétinement autour d'un cercle de ciment.

Un matin, la porte de la cellule s'ouvre et, à côté du gardien, un détenu, un condamné reconnaissable à son habit de bure, se présente comme étant le bibliothécaire de la prison. Il nous propose un certain nombre de titres. J'appris qu'il passerait toutes les semaines et qu'on ne pouvait prendre qu'un seul livre à la fois. Je fis mon choix, je n'ai aucun souvenir du titre. Je me réjouissais surtout d'avoir en lisant la possibilité de m'extraire en pensée de ma cellule. Je sus plus tard que ce bibliothécaire était un communiste de Toulouse qui avait été condamné à cinq ans de prison. Normalement, il aurait dû être muté dans une prison centrale. Il faut croire que l'administration du fort du Hâ, faisait la différence entre les politiques et les droits communs. J'ai pu le constater par la suite.

En ouvrant mon livre, j'ai découvert avec surprise que bien des pages étaient déchirées ou manquantes. Comme les détenus n'avaient pas d'argent pour « cantiner » du papier hygiénique, ils se servaient des pages de livre.

La conversation revenait souvent dans la cellule sur la force physique. Pour jouer au dur, se faire respecter, il fallait être costaud et surtout savoir jouer des poings. Mes trois comparses s'amusaient à se boxer gaillardement, sur la poitrine uniquement car il ne fallait surtout pas qu'il y ait des marques de bagarre sur le visage. Sinon, c'était l'interrogatoire pour en connaître les auteurs. Une sorte de conseil se réunissait, composée du gardien du quartier, du gardien chef et du directeur, pour décider de la sanction : entre un jour et une semaine au mitard et éventuellement la suppression du parloir. Si personne ne parlait, tous les membres de la cellule étaient punis. Donc, la seule règle de ces combats était : on ne touche que la poitrine.

Après quelques rounds entre eux, la question de ma participation fut posée. Mais avant que je ne réponde : « Alors tu vas te dégonfler, bien entendu… T'as jamais participé à une bagarre, t'es une mauviette !… Tu pourrais te mesurer avec le plus jeune, il n'a que 17 ans ! » C'était celui qui faisait le guet près de la porte pour prévenir de l'arrivée d'un gaffe. « D'accord », dis-je. Je me lève et le combat commence. Au début, on s'observait, mais j'arrivais à donner quelques bons directs ce qui déchaîna la colère de mon adversaire. Il se mit à lancer des coups redoublés mais désordonnés qui laissaient sur sa poitrine de larges ouvertures. J'en profitais pour lui balancer quelques frappes bien appuyées qui le déstabilisèrent et le firent reculer. Il se trouvait dos au lit. Deux ou trois derniers coups, il trébuche et s'affale. J'avais gagné. Beau joueur, je lui tendis la main pour l'aider à se relever. Il accepta la défaite.

Mes parents avaient versé sur mon compte au fort du Hâ, une certaine somme pour me permettre d'acheter le minimum dont j'avais besoin, notamment du papier hygiénique, du dentifrice et une brosse à dents. Depuis quelque temps, on m'avait changé de cellule, sans que je sache pourquoi. J'en connus la raison quelques semaines plus tard. Nous étions cinq dans cette cellule dont un jeune d'à peu près mon âge. Son délit : vol de vélos. Il s'était arrangé avec le marchand de cycles du cours Victor-Hugo. Il choisissait de préférence des vélos en bon état plus facile à revendre et que le commerçant lui payait plus cher. Au fil des conversations que j'orientais sur le sujet, j'appris que c'était sans doute lui qui m'avait volé mon premier vélo neuf. Et je compris par la même occasion, pourquoi la seconde bicyclette achetée ne m'était pas apparue « fraîche sortie d'usine ».

Ce gars ne m'était pas sympathique. D'abord il avait volé mon vélo, ensuite il mangeait mon dentifrice car me disait-il : « C'est comme des bonbons à la menthe. » Il me questionnait aussi beaucoup sur mon activité politique. Il fut assez vite libéré et j'appris au parloir, un jour où le ton n'était pas trop monté, qu'il était allé un dimanche à la maison. Il était tombé sur mon père.

« Je viens vous apporter des nouvelles de votre fils. »

Mon père étonné, demande:

« Mais où as-tu connu mon fils?

- J'étais avec lui en prison.

- En prison avec lui... Alors tu es comme lui? Un vaurien! Fiche le camp d'ici et vite, sinon je vais te raccompagner! »

Mon père était plus aguerri que moi, il avait tout de suite compris qu'il s'agissait d'un mouchard envoyé par la police.

L'arrivée d'un nouveau apportait toujours un peu de l'air extérieur. Généralement, le présumé innocent commençait par raconter ses exploits. Mais sa venue était surtout l'occasion d'apprendre des nouvelles de ce qui se passait dans le pays. J'appris ainsi que Bordeaux était envahi de réfugiés venus du Nord de la France. Cela supposait que la ligne Maginot, dont on nous avait dit qu'elle était imprenable, n'avait servi à rien et que le traité de Munich qui devait garantir la paix pour des décennies, était une fumisterie.

Un soir, le tintement des clefs dans le couloir se rapproche de notre cellule. Cette fois, c'est pour nous. Chacun se compose une attitude innocente. Un gardien ouvre la porte et entre: « Durou, qui est-ce? » Je réponds: « C'est moi. » L'homme me regarde longuement. « Bien », dit-il et il ressort sans autre explication. J'appris au parloir que ce gardien était celui qui, lors de la guerre du Rif, avait favorisé durant leur détention, les deux militants communistes de Bègles. D'abord intrigué par l'insolite de sa visite, je compris quelques semaines plus tard, l'intérêt pour moi de sa démarche.

Le coiffeur venait une fois par semaine. Pour ne pas avoir à ouvrir et fermer les serrures pour faire rentrer ou sortir les candidats à la coupe, le gardien avait ouvert toutes les serrures, laissant au prisonnier chargé du nettoyage le soin de tirer et de pousser les verrous. Le gaffe en profitait pour faire un petit tour avec ses collègues. Nous étions trois candidats à la coupe à attendre notre tour. J'en profitais pour regarder les noms des détenus affichés sur les portes sur de petites étiquettes. Je vis le nom de Jean Rieu, le secrétaire régional des Jeunesses communistes, qui avait été condamné à vingt ans de prison. Je jette un coup d'œil aux alentours, pas de gardien. Je retourne à ma cellule, prends le morceau de pain auquel je n'avais pas encore touché et je ressors. Toujours pas de gardien! Je me dirige mine de rien vers la cellule de Rieu. Je tire délicatement son verrou, j'ouvre la porte et j'aperçois Jean assis au fond de sa cellule. Rapidement, je chuchote: « Jean c'est pour toi! » et je lui lance le morceau de pain. Délicatement et sans bruit, je pousse le verrou et je reprends ma place pour attendre mon tour.

Quelques jours plus tard, je suis appelé pour recevoir le linge que m'apportaient mes parents. Au moment où je descendais les escaliers pour me rendre dans cet immense hall où sur une table s'étalaient les colis, je vis Jean Rieu qui lui aussi attendait son linge. C'était un brigadier qui ouvrait les colis. Il ouvre celui de Rieu, lui donne ses vêtements de corps et découvre un flacon d'eau de Cologne. Il le prend, se tourne vers Jean et lui dit : « Alors tu es comme les gonzesses, tu te parfumes ! Tiens voilà ce que j'en fais de ton parfum ! » Violemment, il jette le flacon qui éclate sur le carrelage et il enjoint à Jean de regagner sa cellule. Le parfum répandu sur le sol dégage une odeur agréable. Le détenu chargé de l'entretien du hall s'active pour réparer les dégâts.

11/04/40 : Le tribunal correctionnel

Voilà bientôt deux mois que je suis enfermé dans ce fort du Hâ avec mes compagnons de misère pour lesquels j'ai peu d'atomes crochus. Leurs propos abrupts et leur désarroi m'apprennent beaucoup sur les raisons de leur délinquance. Mais les quelques discussions à mes yeux intéressantes les laissent sceptiques et taciturnes.

Une nouvelle fois, le tintement des clefs se rapproche et s'arrête devant notre porte à une heure où ni le petit-déjeuner ni le déjeuner n'en peuvent être la raison. Pour qui est-ce ? Le gardien penche la tête pour entrer dans la cellule et annonce : « Durou, au parloir. » On me conduit dans une cellule du rez-de-chaussée, aménagée pour recevoir les avocats. Après les civilités habituelles, Me Moynet m'annonce avec un grand sourire de soulagement et de satisfaction que je serai traduit devant le tribunal correctionnel le 11 avril 1940. Il tente de m'expliquer que normalement, étant donné mon jeune âge, j'aurais dû être traduit devant le tribunal des enfants, mais il y avait eu des « incompréhensions » et finalement mon jugement ne serait pas disjoint de celui de mes deux compagnons majeurs. Je passerai avec eux devant le tribunal correctionnel.

Retour à la cellule après que le gardien ait annoncé : « Quartier premier ! Un jeune prévenu ! » Bien entendu dès le verrou tiré, les questions pleuvent. « Qu'est-ce qu'il t'a dit ? Qu'est-ce que tu lui as dit ?... Ils n'ont pas le droit de te passer en correctionnelle, ton avocat devrait protester. S'il n'a rien dit, c'est qu'il est complice. Etc. » Ils ont continué sur ce thème pendant au moins une heure. Je les écoutais placidement, sans me mêler à la conversation, un peu amusé.

Au parloir quelques jours après, j'ai pu apprendre de ma mère quelles étaient ces fameuses « incompréhensions » indiquées par l'avocat. Une dame du service social pénitentiaire était venue à la maison pour lui expliquer qu'elle n'avait pas de souci à se faire, car j'allais être transféré dans une maison de correction, certainement à Belle-Île, et qu'ainsi, à 21 ans je sortirai, bien comme il faut ! Je vois la réaction violente de ma mère expliquant à cette dame que son fils n'avait rien à se reprocher, qu'il n'avait rien fait de mal et qu'il n'avait pas besoin d'être redressé. La maison de correction ? Hors de question ! Va pour le procès.

Il y avait cinq jours encore à attendre. Ils me parurent sans fin. Je restais dans mon coin, je ne participais plus à rien, je n'entendais plus les conversations. Je ressassais les événements. Je vitupérais contre l'injustice de ce gouvernement qui préférait composer avec Hitler et qui ne connaissait que la répression pour ceux qui n'approuvaient pas sa politique de soumission. Je me souvenais des propos tenus par des députés de droite : « Plutôt Hitler que le Front populaire ».

Le 11 avril arrive… Vers 2 heures, le traditionnel bruit de clefs. Le gardien ouvre la cellule et m'appelle. Depuis le matin, je cherche à être présentable. La coiffure démêlée, les vêtements pas trop froissés, mais je n'ai pas de glace pour vérifier. Conduit au greffe par un gaffe, je vois arriver mes deux copains. On ne se fait qu'un léger sourire car on nous a précisé qu'il nous était interdit de communiquer. Deux gardiens de la paix sont là qui signent le registre du greffe. Ils nous passent les menottes et nous traversons le fameux passage que je connaissais bien entre la prison et le palais de justice. Nous entrons dans le bâtiment du tribunal. On longe des couloirs et je vois inscrit sur le haut d'une porte à deux battants, TRIBUNAL CORRECTIONNEL. Les gardiens de la paix nous enlèvent les menottes et nous entrons dans la salle du tribunal.

À ce moment-là, une grande émotion me gagne ; je suis là comme un petit garçon devant une bête sauvage. Mes deux camarades doivent sans doute ressentir le même malaise. On nous fait asseoir sur un banc un peu surélevé. Je regarde la salle, elle est presque pleine. J'aperçois mes parents et ma sœur Simone qui a pu certainement obtenir une autorisation d'absence. J'esquisse vers eux un demi-sourire un peu forcé. Tous les regards sont tournés vers nous. Il y a là des habitués, ils viennent là comme on va au spectacle. Il doit y avoir sûrement des amis. Mais est-ce bien prudent de venir dans cette salle ? Les hommes de Poinsot doivent être là eux aussi, essayant de repérer tout individu connu pour son appartenance à des idées aujourd'hui qualifiées de subversives, peut-être même des distributeurs de tracts tout aussi nuisibles et qu'il serait prudent de surveiller !

Une voix grave s'élève : « La Cour. » Tout le monde se lève, nous aussi. Trois hommes apparaissent vêtus d'une robe rouge… Celui du milieu s'assoit, la salle aussi. Commence la lecture de l'acte d'accusation. Il décrit pour chacun de nous le rôle que nous avons joué. Le juge s'en prend d'abord à moi, l'instigateur : « Ce petit jeune qui inspire tout de suite la confiance, il n'en est que plus dangereux ! » C'est aux deux avocats d'entrer en scène. Avec des revers de manches et des accents doucereux, ils s'efforcent de minimiser les actes en raison de notre jeunesse, de la qualité artisanale des tracts distribués laissant supposer un travail de bricoleur, etc.

Le plus dangereux arrive, le procureur de la République. La carrure large, la voix perçante, il accuse. Il reprend les arguments des avocats minimisant l'affaire pour au contraire y déceler une grande fourberie de notre part. C'est une pièce bien montée, affirme-t-il, à laquelle le tribunal ne se laissera pas prendre. D'ailleurs il y a un étranger parmi les accusés, un Espagnol, Manolo, qui certainement a aidé les rebelles en Espagne, et s'il prétend s'être engagé dans l'armée française pour la durée de la guerre, c'est précisément pour jeter le trouble chez nos braves soldats, pour tenter de les démoraliser. Ils sont tous des jouets entre les mains de l'étranger. Le procureur parle plus d'une demi-heure, énumérant tous les méfaits nourris de détails imaginaires, dont nous étions tenus pour responsables et dénonçant quelques hauts politiques qui, bien au chaud, tireraient les ficelles. Il conclut en demandant aux juges, en raison de la gravité des charges qui pèsent sur notre bande, de se rapprocher au plus près de la peine maximale qui est de cinq ans. Le tribunal se retire pour délibérer.

Il pèse sur la salle une lourdeur muette, les visages sont tendus. Je regarde ma mère, elle a les yeux exorbités, elle est prête à s'effondrer. Mon père la soulage en passant le bras autour de sa taille ; ma sœur Simone la réconforte. Les parents de mes camarades sont dans le même état. Nous, les accusés, nous nous regardons atterrés.

Qu'il est long ce quart d'heure de délibéré. Enfin on annonce : « La Cour. » On se lève, la salle aussi. Les juges s'assoient, tous les regards sont tournés vers eux. Celui du milieu annonce : « La cour a décidé de remettre sa décision à huitaine. »

Les gardiens de la paix qui nous entourent, nous intiment l'ordre de sortir et nous passent les menottes pour quitter le palais. Nous voilà à nouveau au greffe de la prison et pris en charge par les gaffes. L'un entraîne Manolo et Yves vers la chapelle et pour moi résonne le rituel : « Quartier premier, un jeune prévenu. »

Je n'ai pas pu échanger une seule parole avec mes camarades d'infortune, à peine un regard triste. Dans ma cellule, je resterai longtemps étranger aux palabres des prisonniers. Je revois sans cesse, Yves et Manolo me rendant responsable de leur situation. Effectivement, c'est bien moi qui suis allé les chercher. C'est bien moi qui pour me couvrir, ai trouvé cette astuce de faire porter les tracts par Yves, prétextant de ne pouvoir sortir en raison d'un arrêt de travail pour maladie. Je n'ai eu aucune possibilité de parler à mes amis. Je repasse en boucle tous les instants de la journée. Toujours me revient cette idée: Pourquoi un aussi long délibéré, une remise à huitaine? Cette interrogation me talonnera durant toute la semaine. C'est le premier délit politique depuis la guerre du Rif dont le tribunal correctionnel a à juger. Les juges prennent-ils le temps de consulter les dirigeants politiques du moment afin d'éviter tout impair vis-à-vis d'eux? Dans ce cas, il y a tout à craindre. Première arrestation, premier jugement. Ils frapperont fort pour tenter de dissuader tous ceux qui voudraient s'engager dans cette voie.

Après une nuit très courte et sans sommeil, l'inquiétude m'agite toujours au petit matin. Fermer les yeux pour oublier oui, mais la tête ne suit pas, impossible de ne pas penser. Combien de temps vais-je rester entre ces quatre murs? Je suis là depuis deux mois à peine, il reste encore huit jours pour faire le compte et il me semble qu'il est passé un très long temps que je ne puis définir, un long temps de tristesse, de vide. Je ne sais plus où j'en suis. Je revois toujours le panier à salade devant la maison, ma mère sur le trottoir semblant guetter le bout de la rue. C'est moi qu'elle attend, elle me voit, me regarde avec presque un regard de satisfaction. Elle esquisse un petit geste du bras, ces lèvres bougent. Je suppose qu'elle dit: « Le voilà. » Puis tout se mélange: la rentrée dans le panier à salade, la confrontation avec la sœur de Manolo, le commissariat de police, l'interrogatoire, la mise en cellule. Je revois les quatre murs blancs, le bat-flanc de bois, la couverture qui a servi à combien de détenus, les punaises... Où suis-je? Je ne sais plus! De la main, je cherche le bord de mon lit, je trouve le bord d'une paillasse puis d'une autre touchant la mienne. J'ouvre les yeux... Un peu de jour me permet de voir des taches blanches: quatre murs et une porte... la porte! Je suis au fort du Hâ...

La huitaine est passée, nous sommes le 18 avril. Alors tout recommence, Manolo, Yves, le tribunal... Oui, c'est aujourd'hui la réponse à mes questions. Combien de mois, d'années devrai-je passer ici ou à Belle-Ile? Mes connaissances géographiques sont limitées aux contours de la France, où est-ce Belle-

Ile ? Dans l'Océan m'a-t-on dit. Loin dans l'Océan ? L'Océan, je ne l'ai jamais vu. Si, je connais le bassin d'Arcachon, Audenge où l'on est allé une fois en camionnette avec un voisin. Il était marchand de vin et livrait à ses clients des cantines en verre emmaillotées dans du jonc tressé. Audenge, ce n'était que le Bassin. À marée basse, il n'y avait pas d'eau, seulement de la vase. Quelle mauvaise impression quand on est arrivé, comment va-t-on se baigner ? On est venu pour ça. Mon père redevenant le marin de sa jeunesse, nous explique les mouvements de la mer, marée montante durant six heures, descendante pendant six heures. Vraisemblablement, il faudra patienter au moins trois heures pour qu'elle soit là. En attendant, on va casser la croûte. Ma mère déplie la nappe sur l'herbe, mon père déballe saucisson, jambon, pot de pâté pur porc fait maison en Dordogne. Chaque année, on y tue le cochon. Il y a du vin bien sûr porté par le voisin. « Du bon », dit-il. Je ne le saurai pas, les enfants n'y ont pas droit. J'avais 12 ans. C'était en 1936… grâce aux congés payés gagnés par la grève générale et le gouvernement de Front populaire… Mes pensées s'égarent…

Où suis-je encore ? Je replonge dans un demi-sommeil, mais des pensées noires m'envahissent. Je suis dans le vague. Ah oui ! L'Océan, Belle-Ile, en face de la Bretagne, c'est grand la Bretagne… Combien de kilomètres pour l'atteindre… Et le bateau, est-ce une barque ou un gros bateau ?… Nous sommes le 18 avril, c'est aujourd'hui… Je vais connaître la décision des juges.

Je reviens sur terre, fini le vagabondage, il faut se lever, se laver dans la cuvette des WC. Attendre le petit-déjeuner et encore le repas de midi. Le temps passe lentement. La tristesse renaît, l'inquiétude aussi. Il faut attendre, attendre, attendre. Je tends l'oreille pour percevoir le bruit de clefs. Le voilà, il est lointain, il se rapproche. Les clefs tintent plus fort devant la porte. C'est bien le bruit des serrures, du verrou. Le garde appelle : Durou…

Descente des escaliers, direction le greffe. Mes deux copains sont déjà là ; on se gratifie d'un timide sourire. Les deux gardiens de la paix signent la levée d'écrou. Ils nous passent les menottes. On traverse le passage, nous voilà dans le Palais de justice. Les couloirs, la porte TRIBUNAL CORRECTIONNEL. On entre dans la salle d'audience. Mes parents et ma sœur Simone sont là. Je les sens anxieux. Aujourd'hui, nous allons connaître le jugement. Il me tarde de savoir. Je pense qu'après, ce sera différent, il suffira de compter les jours. Pourvu que ce compte à rebours ne soit pas trop long !

Le greffier appelle deux noms, affaire x. Ce n'est pas nous. La sentence est lue. Les deux prévenus maintenant condamnés sont expulsés par les gardiens de la paix. Nous nous levons pour leur laisser le passage, ils n'ont pas l'air joyeux. À nouveau la voix du greffier retentit, il appelle nos trois noms. On se lève. Lecture du motif d'inculpation puis la sentence. Abril Manuel : deux ans de prison fermes ; Combes Yves : un an de prison ferme ; Durou Georges : un an de prison ferme ; Abril Émilia, épouse Gomez : un an de prison avec sursis…

On s'assoit ou plutôt on se laisse tomber, le temps de regarder les parents. Ma mère pleure, les mains devant les yeux, Simone aussi pleure. Les gardiens s'impatientent, nous sommes des condamnés maintenant. Rapidement poussés dans le couloir, les menottes et… ouste, à la prison ! Toujours impossible d'échanger entre nous, les gardiens veillent. Après le greffe, le même refrain ou presque : « La chapelle, recevez deux condamnés… Quartier premier, recevez un jeune condamné. »

Retour dans la cellule. Interrogations des autres prisonniers. Quand j'annonce la sentence, ils restent confondus, pas de commentaires ; ils me laissent tranquille…

J'attends avec impatience le jour du parloir pour essayer d'en savoir plus. Je pense possible de faire appel. Trois solutions : la peine réduite, confirmée ou aggravée. Que vont décider mes parents sur les conseils de l'avocat et des copains plus au courant des orientations politiques du gouvernement ? Nous sommes les premiers arrêtés en Gironde, les premiers à être traduits pour des raisons politiques devant un tribunal correctionnel ; autant de paramètres à prendre en compte. Pour rencontrer mes parents au parloir, il faut encore attendre onze ou treize jours. Je ne sais plus quoi penser, mais c'est difficile de ne pas ruminer des idées noires lorsque l'on n'a rien à faire dans l'étroit périmètre d'une cellule.

Auparavant, je ne supportais pas les conversations de mes codétenus, maintenant j'y participe et j'essaie de m'y intéresser. Ainsi, j'apprends qu'un « bon coup », si l'on veut être sérieux et réussir, ça se prépare. Mais attention, jamais plus de deux sur un même coup ! Il faut reconnaître le terrain, les habitudes des uns et des autres, suivre les gens pour savoir ce qu'ils font, connaître leur lieu de travail, les horaires d'entrée et de sortie. Autant d'attentions, de précautions qui me font entrevoir le réel professionnalisme de certains détenus. Parfois il y a controverse sur une affaire qui a mal tourné. Je les écoute intéressé, je ne pense plus à rien d'autre. C'est toujours quelques heures de passées !

Le jour du parloir arrive. Au plaisir de voir mes parents s'ajoute le désir d'avoir des informations sur la suite à donner. Encore une matinée d'incertitudes, de suppositions. Je calcule, si la peine est réduite de moitié c'est-à-dire à six mois, il ne me resterait à faire que trois fois ce que j'ai déjà fait, la libération serait pour le 21 août ! Je continue mes calculs hypothétiques en essayant d'avancer des arguments pour étayer chacune des suppositions. Le repas de midi terminé, je me concentre sur l'écoute du bruit des clefs. « Durou, au parloir. »

Derrière les grillages, j'aperçois mes parents. Je les interpelle aussitôt : « Alors on fait appel ?... » Le contentement que je laisse percer fait attendre la réponse. Un peu gênée, ma sœur Simone répond : « Ce n'est pas facile... On a consulté l'avocat et d'autres personnes bien placées. Il apparaît qu'il vaut mieux ne pas faire appel, on risquerait plutôt une aggravation...

- Bien, on attendra. »

Aussitôt je demande des nouvelles de toute la famille. Et lui ? Et elle, comment ça va ? Simone m'annonce qu'elle attend un enfant. Tout cet échange est répété plusieurs fois, presque pour chaque mot. À la fin du parloir, on s'embrasse avec des signes de la main. Retour dans la cellule.

18/04/40 : Condamné

Les jours de réflexion pour faire appel sont passés, je suis maintenant un condamné. Nouveau régime à partir d'un an de prison… « Durou, au quartier bas, à la douche. Déshabillez- vous. »

Le coiffeur est là avec sa tondeuse, son seul instrument, mes ondulations tombent à terre ; maintenant je suis tout nu. Mes habits sont soigneusement pliés et enfouis dans un grand sac en papier par un détenu en habit de bure marron. Il me donne une chemise frappée de nombreux tampons marqués prison, un caleçon portant les mêmes marques, une veste et un pantalon en tissu de bure marron foncé. Me voilà habillé en condamné. Quelle ne fut pas la terreur de ma mère au parloir suivant, « Qu'est-ce qu'ils ont fait de toi, mon chéri ! » Et elle pleure.

Ce changement de situation n'a pas eu que des désagréments. Grâce au gardien qui était venu me voir dans la cellule sans dire une parole, la nouvelle s'était répandue parmi les gaffes : je n'étais pas un petit voyou, mais « un anti-boche ». Cette expression venait du gardien brigadier qui, ayant fait la guerre de 14, haïssait les Allemands. Ainsi quelques semaines plus tard, un gaffe est venu me chercher. « Durou, prenez vos affaires, vous changez de cellule. »

Mon barda fut vite rassemblé, brosse à dents, dentifrice et serviette de toilette. On descend au rez-de-chaussée. Vers le milieu du couloir à gauche, le gardien ouvre la porte d'une cellule. Un prisonnier habillé de bure comme moi paraissait nous attendre. Avant de repartir, le gardien nous présente brièvement la tâche que l'on va nous confier : « Vous êtes chargés de recueillir les commandes pour la cantine. On va vous porter les documents. » J'interroge le codétenu, il me dit qu'il est de Morcenx. Malgré nos conversations, je n'ai jamais su les raisons exactes de son emprisonnement. Un autre détenu nous apporte les fameux documents, il s'agit simplement de grandes feuilles de papier. Il explique : « Sur une ligne horizontale, vous notez les denrées pouvant être cantinées ; verticalement vous écrivez le nom du prisonnier, le numéro de sa cellule et une croix dans la colonne correspondant à l'objet demandé. Vous commencez demain matin, un gardien viendra vous chercher. »

Nous sommes à la fin mai. Le lendemain matin, un gardien arrive vers 9 heures. Il me désigne : « Viens, c'est toi qui iras dans les cellules. » Il me précède, ouvre les cellules et j'inscris les commandes. Nous commençons par le rez-de-chaussée, puis le premier et le second étage. Le gardien m'indique que je dois déposer les papiers remplis au service administratif de la prison : « Après tu pourras y aller tout seul », me dit-il. Il me conduit vers une cellule au fond du couloir du rez-de-chaussée. Nous entrons. Cinq prisonniers habillés de bure, assis autour d'une table, porte-plume à la main, m'apprécient du regard. Le gardien leur explique ma fonction et repart. Je montre mon travail à l'un deux, il contrôle et me dit : « C'est bon, à demain. » Je sors, me voilà tout seul dans ce long couloir. Je me dirige vers le grand hall, je suis encore seul, un peu écrasé par la hauteur austère des lieux. Je pénètre dans ma nouvelle cellule, il me suffit de tirer le verrou. Le gardien passera le soir pour le refermer. Une nouvelle vie commence moins désagréable que la précédente.

Je découvre des gens qui veulent bien discuter. Profitant d'une absence de gardien, j'apprends que le gouvernement a quitté Tours pour Bordeaux. La ville est submergée par une foule apeurée qui ne sait où elle va. Le gouvernement a convoqué la Chambre des députés, une assemblée croupion. Les communistes en sont bien entendu exclus, d'autres cherchent à s'enfuir en Algérie sur le paquebot « Winnipeg » prêt à appareiller. Grâce au courage et au savoir faire de quelques marins et des ouvriers des Chantiers de la Gironde, le communiste André Sayo en tête, le croiseur « Lansquenet » a réussi à franchir la Pointe de Grave. C'est un matelot du « Winnipeg », arrêté parce qu'insoumis, qui me l'apprend. La Chambre des députés ou ce qu'il en reste, s'est défaussée et soulagée, a voté les pleins pouvoirs à Pétain.

Les soldats allemands triomphants entrent dans Bordeaux le 30 juillet. Dans la prison, les gardiens sont atterrés. Quant au brigadier, il ne décolère pas. J'amorce une approche et lui demande : « Monsieur Moreau, qu'est-ce que vous pensez de cette fulgurante avancée des troupes allemandes ? » La réponse est sans appel : « Tous des vendus ! »

Quelques jours plus tard, mon brigadier est un peu plus détendu. Nous parlons de la pluie et du beau temps, puis de la visite que nous a rendue un gradé allemand. Il était accompagné de deux soldats encadrant un troisième qu'ils ont mis en cellule. Quatre jours après, un autre soldat est emprisonné, puis un autre encore. Lorsque l'officier allemand vient rechercher ses prisonniers, ces derniers lui montrent une boîte d'allumettes dans laquelle ils ont embroché sur des épingles des punaises rouges. Il y en a bien une vingtaine. Horrifié et furieux, le gradé entre dans une colère noire, il pousse une gueulante retentissante. Et c'est toujours en hurlant qu'il poussera ses soldats jusqu'à la porte de la prison.

J'avais remarqué que lorsqu'un gradé allemand se faisait ouvrir la porte pour pénétrer dans l'enceinte du fort, il faisait à l'adresse du brigadier un vague salut militaire auquel celui-ci répondait par un salut réglementaire. Mais lorsque l'Allemand tournait le dos, le brigadier lui faisait un geste encore plus significatif ponctué d'un : « Tiens fume ! »

Au cours de nos rencontres, j'avais expliqué au brigadier mon opinion sur la défaite de la France en évoquant : la Rhénanie, l'Autriche, l'Espagne, Munich et les trahisons de la bourgeoisie française clamant plutôt Hitler que le Front populaire. Tout cela renforça sa confiance en moi. J'eus l'occasion de la mesurer quelques semaines plus tard. André Monge, un militant des Jeunesses communistes venait d'être incarcéré. Il était boulanger. Je rencontre le brigadier, lui fait part du métier de mon camarade et sur un ton détaché, je le questionne : « Il ne manquerait pas par hasard un boulanger aux cuisines ? » Je n'eus pas besoin d'insister, le soir même il le faisait appeler et le lendemain matin Monge commençait à pétrir le pain à la boulangerie.

Peu après, je rencontre mon ami Pierre Labrousse[5] sortant de la chapelle où les prévenus adultes passaient la journée assis sur les bancs. J'entreprends pour lui la même démarche, cette fois pour un poste à la lingerie. Avec son accent parisien, le brigadier me répondit : « Tu as encore un copain à planquer ? » Je répondis par l'affirmative. Un gardien passe, il l'interpelle : « Va me chercher le nommé Labrousse à la chapelle. » Labrousse me racontera : « Quand le gaffe m'a dit que le brigadier voulait me voir, j'ai un peu paniqué. J'avais entendu parler de lui au dortoir, on me disait qu'il valait mieux ne pas avoir affaire à lui. » Mais lorsque ce jour-là il arriva devant le brigadier, celui-ci lui dit en parlant de moi : « Vois avec ton copain, il paraît qu'il y a du boulot pour toi à la lingerie ! »

Depuis que les Allemands étaient là, il ne se passait guère de semaine sans qu'une brochette de communistes ne soit arrêtée. Poinsot et sa brigade spéciale se sentaient pousser des ailes. Ils commençaient aussi à arrêter des

[5] Pierre Labrousse sera fusillé au camp de Souge le 24 octobre1941 avec ses quarante-neuf camarades.

Juifs. Le quartier cellulaire se remplissait chaque jour davantage. Moi, je croupissais tristement tout en continuant mon travail de cantine.

Certaines nuits, les sirènes se déclenchaient et peu après le bombardement grondait sur la ville. Un soir vers minuit : alerte ! La porte de ma cellule s'ouvre, le brigadier me fait signe de m'habiller rapidement et de le suivre. Il se dirige vers la cour des prévenus et la porte de la tour en fer à cheval. Il a sous son bras une bouteille de vin blanc et un énorme trousseau de clefs. La première porte donne sur un étroit escalier de pierre en colimaçon. L'ascension commence, il y a trois étages. Le brigadier a une lampe électrique à pile, il éclaire surtout les marches devant lui et j'essaie de suivre. Nous voilà devant une porte en bois que mon guide ouvre sans difficulté. Nous sommes sur la terrasse de la tour. Le brigadier débouche la bouteille de vin blanc dont il boit une belle rasade. Il me tend la bouteille, je décline. Il me lance : « Nous allons être aux premières loges, tu vas voir le feu d'artifice. » Pour l'instant pas un bruit d'avion. Par contre, sur le cours d'Albret, presque à nos pieds, un bruit de bottes sur les pavés, des soldats qui courent se réfugier dans les abris. Encore un bref instant de silence et soudain le vrombissement des avions. Le gardien me regarde, joyeux : « Les voilà ! » Immédiatement, dans un crépitement sec, les canons anti-aériens entrent en action. « Regarde, petit ! » me lance-t-il, après avoir essuyé ses lèvres mouillées par de nouvelles lampées. La bouteille est aux trois quarts vide. Mon brigadier se met alors à sauter, à tourner, un bras en l'air et la bouteille aux lèvres. Elle est bientôt vide, il la lance par-dessus le parapet. La tête renversée, il hurle vers les bombardiers : « Envoyez, les gars... Envoyez plus fort ! » Et sa valse recommence, mais cette fois plus mal assurée. Le brigadier se mélange les pieds et s'affale sur la terrasse, les bras en croix. J'essaie de le remuer. Il ne bouge pas. Que faire ? Il faut que j'aille prévenir les deux gardiens de nuit. Je ne sais pas où est tombée sa lampe. A tâtons, je retrouve la porte et avec beaucoup de précautions, je commence la descente dans le noir complet. Me voilà dans la cour, puis dans le grand hall obscur. Les bras en avant, à l'aveuglette, je trouve enfin la cellule qui sert de dortoir aux gardiens de nuit. J'explique. Quelques soupirs, il faut y aller. Les gaffes me demandent de rester là et partent au secours de leur collègue. Une heure passe. L'alerte est terminée et les lumières se rallument. Du bruit... Je vois venir les deux gardiens. Ils soufflent, ils tirent, ils poussent, l'un tenant les pieds du brigadier, l'autre ses bras. Ils parviennent enfin à jeter sur le lit la lourde carcasse inconsciente.

Les Allemands n'appréciaient pas d'être obligés de passer par l'administration française pour assurer le transfert et la surveillance des détenus hostiles à l'occupation du territoire. Ils firent ériger un mur en briques qui isolait le quartier cellulaire et ouvrirent le chemin de ronde qui menait de la tour au cours du Maréchal-Foch. En pratiquant une brèche dans le mur extérieur, ils pouvaient ainsi entrer et sortir par ce cours sans le concours des gardiens français. Dans la tour, ils firent aménager des douches et un bureau pour l'administration et le service sanitaire. La cuisine demeurait sous administration française. Une porte fut percée dans le mur intérieur en briques pour permettre le passage des bouteillons vers le quartier tenu par les Allemands.

En raison de cette restructuration du fort, je dus changer de cellule pour demeurer dans le quartier français. On me chargea également d'un nouvel emploi, je fus chargé du service des douches.

Les mois passaient. Février était arrivé. Maintenant je comptais les jours restant avant ma libération.

02/41 : Hôtel des Migrants

Mon année de prison au fort du Hâ achevée, je croyais retrouver la liberté. Après m'être débarrassé de mes habits de bure, le gardien préposé au vestiaire m'a remis mes vêtements civils. Je me trouvais un peu engoncé car durant cette année de repos forcé, j'avais grandi et pris un peu de poids. Peu importe, j'allais être libre !

Mais quand j'ai signé la levée d'écrou qui habituellement ouvre la porte de la prison sur la liberté, j'ai vu deux gendarmes qui s'approchaient de moi. Immédiatement, ils me passent les menottes et m'embarquent dans un fourgon pour une destination inconnue. J'ai beau poser des questions, mes deux gardiens restent muets. J'insiste : « Je n'ai commis aucun délit, vous ne m'avez présenté aucun mandat d'amener, c'est un abus de pouvoir ! » Toujours le même mutisme. Je me résigne et ne pose plus de question. J'attends. Je cherche à me repérer à travers la vitre grillagée mais j'ai peu de visibilité et le fourgon roule vite. Je vois défiler les immeubles sans que je puisse les identifier. Les noms de rue ? Quelques plaques sont entrevues mais trop fugitivement pour me permettre de les lire. Enfin, un large espace, la Garonne… Je me retrouve… Je me repère, nous sommes sur un quai de la rive gauche. J'aperçois le cours du Médoc. Le fourgon s'arrête le long du trottoir. Je descends et reconnais, au n° 24 du quai de Bacalan, l'hôtel des Migrants.

On m'oblige à remplir un formulaire d'entrée : identité, nom du père, de la mère et… raison de votre arrestation ! Je l'ignore ! Je viens juste d'achever ma peine. Immédiatement, je dois subir un nouvel interrogatoire par l'inspecteur Lafargue, celui-là même qui m'avait déjà interrogé un an auparavant. Mais cette fois, il y a quelques légères différences. À l'époque, l'objectif essentiel de l'inspecteur était de me faire avouer que c'était André Lecourt le responsable régional des Jeunesses communistes qui m'avait procuré les tracts. Maintenant, je savais qu'André Lecourt avait été arrêté avec un groupe de copains de l'aviation - Carrasset, Garât, Labrousse, Nouaux…- car je l'avais rencontré au fort du Hâ. Je n'avais plus de raison de nier connaître sa responsabilité, il l'avait lui même reconnue. Par contre, je maintenais toujours contre toute vraisemblance que j'avais trouvé les tracts dans ma boîte aux lettres ! Autre petit changement plus grotesque et tragique : lors de mon procès, le procureur avait demandé aux juges de se rapprocher le plus possible de la peine maximum de cinq ans car mes actes correspondaient à une trahison en temps de guerre : communiste, je devais naturellement soutenir l'URSS soi-disant l'alliée de l'Allemagne et donc être un ami du IIIe Reich. Un an après, le 21 février 1941, à ma sortie de prison, l'Allemagne occupait la France. Grâce à la servilité du maréchal Pétain, l'État français était devenu son allié. Et moi, j'étais devenu par la même occasion un ennemi de l'Allemagne ! Raison suffisante pour justifier mon interpellation et mon transfert à l'hôtel des Migrants du quai de Bacalan !

Là, j'ai retrouvé des camarades du Parti communiste et quelques sympathisants arrêtés pour la plupart préventivement, au cours d'une rafle, le 22 novembre 1940. Le préfet Alype, sur les instances du commissaire spécial Poinsot, s'était en effet adressé le 11 octobre 1940 aux autorités d'occupation :

« La propagande de l'ex-Parti communiste tend à reprendre son activité… Vous trouverez ci-joint, un exemplaire de ces affiches qui contiennent des attaques directes et indirectes à l'égard de l'Allemagne et du chancelier Hitler. Si des mesures ne sont pas prises immédiatement cette propagande ne pourra que s'amplifier et des désordres s'ensuivront. L'arrestation de toutes ces personnes convaincues de se livrer à cette propagande devient une nécessité… Je vous serais reconnaissant de vouloir bien m'autoriser à procéder à des arrestations semblables dans mon département. »[6]

Le 22 novembre, cent cinquante et une perquisitions sont opérées et cent quarante-huit arrestations. Les prisonniers furent enfermés dans l'hôtel des Migrants. L'immeuble était aménagé comme un entrepôt de navire, sans lumière du jour, plafond bas, grande salle de dortoir avec couchettes superposées de part et d'autre de l'allée centrale. Les détenus devenant de plus en plus nombreux, les conditions de vie déjà très précaires se détérioraient rapidement. Il fallait prévoir une autre installation. Conformément à la circulaire préfectorale du 8 novembre 1939, la création d'un camp à Mérignac Pichey pudiquement baptisé, « centre de séjour surveillé », fut entreprise. Sa construction achevée en avril 1941, les quelque cent cinquante détenus de l'hôtel des Migrants et moi-même y sommes conduits sous bonne escorte.

[6] Lettre du Préfet de la Gironde en date du 11 octobre 1940 à la Feldkcommandantur.

04/41 : Camp de Mérignac

Dès notre arrivée au camp, afin de maintenir notre moral et ne pas céder au découragement, nous avons organisé des activités régulières et mobilisatrices. Tous les matins, Charles Nancel-Penard conduisait un atelier d'entraînement physique. Denise Gouge, notre « camarade » du Secours rouge, qui avait été arrêtée en novembre 1940, s'était fait porter des partitions et dirigeait notre petit orchestre où je jouais de la mandoline et du banjo. Notre répertoire était très varié. Nous jouions non sans humour, l'air fameux de *la Veuve joyeuse:* « Heure exquise qui nous grise lentement »! On chantait également des chants révolutionnaires, en sourdine, pour ne pas trop inquiéter les gendarmes. Les anciens des brigades internationales donnaient des cours d'espagnol. Roger Sabail, un ingénieur de la SNCF qui sera plus tard fusillé au mont Valérien, nous faisait des conférences sur l'histoire de l'art et la poésie. Torralba et ses trois fils, André, Gabriel et Marc, avaient demandé la mise en place de paniers de basket. Nous y jouions régulièrement. Et surtout, il y avait la lecture… Ainsi ces premiers temps au camp ne furent pas trop difficiles. Nous recevions nos familles toutes les semaines durant une heure dans le réfectoire du camp. Les colis qu'elles nous apportaient, complétaient la maigre ration quotidienne. Lors d'une de ces visites, j'avais demandé à ma mère de m'apporter les paroles du chant *le Drapeau rouge* pour compléter le répertoire confidentiel de notre petit orchestre. À l'entrée du camp, Poinsot et ses sbires opéraient la fouille des visiteurs. Le commissaire en personne se chargea du sac à main de ma mère. Un hurlement! Il avait découvert les « infâmes » couplets. « Je vous l'avais bien dit, il faut tous les fusiller! » L'affaire n'eut pas de suite immédiate, mais Poinsot s'empressa de rédiger un rapport, de quoi charger mon dossier d'« irréductible ».

Comparativement, l'attitude des gendarmes est restée très correcte. Certains même étaient plutôt compatissants. Le directeur du camp souhaitait ouvrir un jardin de légumes. Il fit appel à des détenus volontaires. Deux cheminots Dintrans et Tabanac et trois autres camarades se présentèrent pour accomplir cette tâche. Le matin, ils quittaient l'enceinte du camp pour gagner leurs plates-bandes de légumes en tenue de jardinier, en fait un long tablier noué sur leur bleu de travail. Le soir, ils regagnaient les baraques en passant par le poste de garde.

Dintrans était ami avec André Lecourt. Ce dernier, pour mettre au point son projet d'évasion avec Daniel Williams, l'ancien secrétaire de la fédération de la Gironde du Parti communiste, devait retrouver son contact à Bordeaux. Empruntant les vêtements de jardinier de Dintrans, il quitta le camp, régla son affaire à Bordeaux, retourna à bicyclette jusqu'à Mérignac et repassa sans encombre le poste de garde. Personne ne s'aperçut de rien. Quelques jours plus tard, Lecourt et Williams, profitant de la nuit et de la relève de la garde, réussissaient leur évasion.

Durant le mois de juillet 1941, des travaux sont effectués. La baraque 6, qui se trouve au centre du camp, est entourée de fils de fer barbelés entremêlés, de deux mètres d'épaisseur et d'un mètre cinquante de hauteur. C'était, disait-on, pour y enfermer des prisonniers de droit commun. Un mirador muni d'un projecteur fut également dressé devant la porte.

Quelques jours après la fin des travaux, lors de l'appel quotidien, le chef des gendarmes donne lecture d'une liste de vingt internés dont je suis. Les appelés doivent immédiatement se rassembler sur la place, munis de leurs couvertures et de leurs effets personnels. Que se passe-t-il ? Le docteur Nancel-Penard en tête, nous revenons sur la place en chantant *Au-devant de la vie.* Le chef des gendarmes nous intime l'ordre de nous taire et nous dirige vers l'entrée de la baraque 6 dont le portail cadenassé et hérissé de barbelés se referme sur nous. En signe de protestation, nous entamons immédiatement une grève de la faim, suivie en solidarité par les autres internés. Au bout de huit jours, lors d'une ultime négociation, la direction du camp, en accord avec la préfecture, acceptait de nous laisser libre de circuler dans le camp de 8 heures à 18 heures. Notre revendication satisfaite, nous avons alors décidé de nous alimenter à nouveau.

24/10/41 : Les fusillés de Souge

Nous ne savions pas encore que le 21 août, à la station de métro Barbès à Paris, Pierre Georges (par la suite colonel Fabien) avait abattu un officier allemand en riposte à l'exécution de deux jeunes résistants des « Bataillons de la jeunesse ». Nous ne savions pas que le comité militaire national de l'Organisation spéciale avait décidé qu'au-delà des sabotages il fallait accentuer l'insécurité des troupes allemandes et développer aussi en province la lutte armée. Celle-ci n'avait lieu qu'en région parisienne et dans le Nord-Pas-de-Calais. Nous ne savions pas non plus que l'honneur de se trouver dans une baraque particulièrement protégée et surveillée était dû à l'application d'un « avis » du haut commandement allemand, placardé sur les murs de Paris. Cet avis écrit en allemand et dans un français incorrect était ainsi rédigé : « Ordonne : 1- À partir du 23 août tous les Français, mis en état d'arrestation quel que soit par les autorités allemandes en France, ou qui sont arrêtés pour celles-ci sont considérés comme otages… »

Nous n'avions pas eu connaissance non plus du décret Keitel du 16 septembre 1941. Celui-ci précisait clairement l'intention des nazis : « II ne faut jamais perdre de vue que, dans un pays occupé, une vie humaine vaut moins que rien et qu'un effet d'intimidation ne peut être obtenu que par une dureté extraordinaire. En représailles d'un soldat tué, la peine de mort pour cinquante ou cent communistes est de rigueur, d'une manière générale. Le mode d'exécution doit encore renforcer l'effet d'intimidation. »

Enfin, nous ne savions pas que le commissaire spécial Poinsot avait écrit au préfet le 14 novembre 1940 pour lui faire des suggestions et lui communiquer des « listes des militants les plus actifs. » Voici quelques extraits de sa lettre :

« Dans la conjoncture actuelle l'un des principaux problèmes qui se posent à l'attention des pouvoirs publics est l'action communiste (...) L'enhardissement dont ils font preuve depuis, peut s'expliquer par les encouragements qu'ils retirent d'une situation de fait assez paradoxale : similitude de différents clans (le clan judéo-maçonnique, clan anglo-gaulliste) qui élargit singulièrement leur terrain de manœuvre (...). La répression envisagée doit être entreprise dans un complet accord entre les autorités allemande et française, toutes deux également intéressées à ce qu'elle soit menée à bonne fin (...) S'inspirant de ces données, j'ai l'honneur de vous faire parvenir ci-joint, les listes des militants les plus actifs, représentant un danger pour la sécurité publique. Les noms soulignés sont ceux des principaux animateurs qui me paraissent devoir être impitoyablement mis dans l'impossibilité d'exercer leur action, par une mesure renforcée (internement et mise au secret). »

Le préfet de la Gironde, grâce à la perspicacité de son commissaire, avait donc tous les éléments pour appliquer les directives allemandes.

Dans la journée du 22 octobre 1941, nous apprenons qu'un attentat a eu lieu à Nantes et que les autorités occupantes ont décidé de fusiller cinquante otages. Le lendemain, à la première heure, nous avons entendu un remue-ménage inhabituel du côté des gendarmes et des gardes civils. Cerné par l'enceinte de barbelés, on ne voyait rien de ce qui se passait à l'entrée du camp. Des camarades d'une baraque voisine sont venus nous informer de l'arrivée de l'inspecteur principal Lafargue.

Tour à tour, quatre ou cinq de mes camarades et moi-même sommes emmenés à l'interrogatoire. L'inspecteur tient à chacun à peu près le même discours :

« L'assassinat d'un officier allemand à Nantes a contraint les autorités allemandes à fusiller cinquante otages. Hier, à Bordeaux, un autre officier allemand a été lâchement assassiné. Demain matin, cinquante otages seront fusillés. Vous êtes dans la baraque d'otages, vous savez ce qui vous attend... Vous pouvez encore sauver votre tête ce soir ; demain, il sera trop tard. Voici ma proposition : nous savons qu'il existe dans le camp une organisation clandestine qui a des relations avec la résistance à l'extérieur. Nous sommes persuadés que les directives d'action partent du camp ! Vous en êtes informés, nous le savons... Il vous suffit de nous donner le nom d'un de ces responsables, vous sauvez votre tête... Nous en tiendrons compte par la suite... »

Devant nos réponses négatives, obstinément négatives, l'inspecteur répétait une fois encore en nous congédiant : « Réfléchissez... vous avez jusqu'à ce soir... demain, il sera trop tard... » Je passe sur son couplet sentimental : la famille, les parents, les enfants pour les pères de famille et sa diatribe sur ces responsables bien à l'abri, bien protégés qui donnent des ordres d'assassinat... et qui se moquent des victimes dont nous serions...

Dans la baraque des otages, les discussions se poursuivent sur ces événements. Nous sommes tous unanimes : la résistance doit se développer, frapper les points névralgiques. Pourtant parmi nous, quelques voix s'élèvent : la résistance a-t-elle raison de tuer des officiers allemands alors qu'elle en connaît les conséquences ?... D'autres observent : lorsque les Anglais bombardent, combien de centaines de civils tués, pour souvent peu ou pas de dégâts sur les objectifs militaires ? Dès lors, est-on contre les bombardements ?... Certains font remarquer : nous sommes en guerre, notre pays est occupé par une armée étrangère, comment libérer notre pays si l'on ne s'attaque pas directement à cette armée ?... Il y a les Alliés... Alors, il faudrait attendre passivement la libération de la France par les Alliés ? Ce serait en quelque sorte dire à leurs troupes, faites vous tuer pour assurer notre liberté... Les échanges se poursuivent : si nous étions libres, nous serions dans la Résistance, cela ne fait aucun doute, donc susceptibles d'être arrêtés, condamnés à mort, fusillés. N'est-ce pas la même chose ?... Les combattants au front risquent leur vie à chaque instant. Combien y aura-t-il de milliers de morts, voire de millions ? Et nous ne souffririons d'aucune égratignure ? Si nous nous considérons comme des combattants, nous devons en accepter toutes les conséquences... Ainsi nous avons échangé nos réflexions, nos doutes, nos craintes et, pourquoi ne pas le dire, nos peurs aussi. La fin de la journée approche, les visages sont plus graves. Quelqu'un lance pour tenter de détendre l'atmosphère : « Et s'ils profitaient seulement de la situation pour connaître la direction clandestine ?... » Mais cette curieuse tentative d'orienter la discussion tourne court.

Vers 18 heures, la sœur de Roger Allo, Régine Chassaing, internée elle aussi, est autorisée à pénétrer dans la baraque des otages pour voir son frère pendant une demi-heure. On essaie de plaisanter pour se réconforter, mais le moral n'y est pas...

À la nuit tombante, plusieurs gendarmes se présentent à la porte. Ils appellent Charles Nancel-Penard et Roger Allo. Dès qu'ils ont franchi la porte de l'enceinte de barbelés, ils leur passent les menottes. Nous ne reverrons plus nos camarades.

Les autorités ont-elles craint la réaction de ces deux anciens combattants des Brigades internationales ? Ils s'étaient engagés aux côtés des républicains espagnols pour défendre la République contre le fasciste, le Caudillo Franco, soutenu militairement par le Führer et le Duce. Combien de temps ont-ils passé à la préfecture ou dans les locaux du cours du Chapeau-Rouge où exerçait le tortionnaire commissaire Poinsot ? D'après un témoin, ils ne seraient arrivés à la prison du fort du Hâ que vers minuit.

Durant cette nuit, le préfet avait renouvelé ses offres de « marché » : faire sa soumission à Pétain, s'engager à cesser toute activité, renier ses idées et bien entendu dénoncer ses camarades en échange d'une vie sauve. La sténographie de l'entretien conservée dans les archives du centre Jean-Moulin à Bordeaux (musée de la Résistance) rapporte la réponse du docteur Nancel-Penard :

« Mais Monsieur le Préfet, il vous faut cinquante otages. Si je signe, demain vous n'en aurez que quarante-neuf ?

- Qu'importe, on prendra celui qui est après vous sur la liste.

- Eh bien, Monsieur le Préfet, si je n'avais pas d'autres raisons de refuser votre marché, en voici une ».

Cette fin de soirée et cette nuit de veille à la baraque 6 furent des plus silencieuses. Chacun restait perdu dans ses pensées.

Au petit matin, on perçoit dans le camp une agitation fébrile qui se propage de baraque en baraque. Un camarade regarde à travers la fenêtre grillagée et chuchote : « Les gardes mobiles sont là, casqués, mousqueton en bandoulière. Ils entourent notre baraque. » L'atmosphère est tendue. On sent qu'approche le moment décisif. Quelqu'un lance : « On ne va pas se laisser mener à l'abattoir comme des moutons ?... » Mais que faire ? Avec le déploiement de forces que l'on devine à l'extérieur, nous serions vite maîtrisés... Reste la dignité, nous sommes des combattants... Le bruit de bascule de la barre de fer qui chaque soir barricade la porte de notre baraque, brise notre recueillement.

La porte s'ouvre. Resté sur le seuil, le chef des gendarmes appelle dix noms : Camille Maumey, Fernand Labrousse, Jean Mette, Henri Delrieu, Gaston Reyraud, Lucien Granet, Armand Gayral, Laurent Puyoo, Louis Rochemond, Michel Trabis. Avec le docteur Nancel-Penard et Roger Allo emmenés la veille, cela fait douze détenus sur vingt. Ils sont alignés devant la baraque. L'instituteur Camille Maumey s'exclame soudain : « J'ai oublié mon paquet de cigarettes ! » Et il se dirige vers l'entrée de la baraque. Aucun gendarme ne bouge. Le chef des gardes civils, Couvidou, lui lance : « Dépêchez-vous, Monsieur Maumey, ne faites pas attendre ces messieurs... » Quel cynisme !...

Vingt-trois autres camarades ont été pris dans les baraques du camp. Ils sont embarqués dans trois camions militaires allemands, direction le camp militaire de Souge.

Aux trente-cinq internés du camp de Mérignac seront joints quinze autres otages détenus à la prison du fort du Hâ : trois originaires du Pas-de-Calais dont deux étaient F.T.P, deux jeunes Bordelais membres du groupe Alliance de la jeunesse, deux jeunes gaullistes bretons du Morbihan arrêtés au passage de la ligne de démarcation, trois communistes arrêtés pour leur action résistante et cinq membres gaullistes du groupe du docteur Auriac[7].

Le curé de Martignas (la commune du camp de Souge), amené sur les lieux, a fait part à René Duhourquet[8] de leur courage. Le groupe du docteur Nancel-Penard tout en soutenant un jeune garçon a entonné *la Marseillaise*...

Ce matin-là, à l'appel, nous avons tous observé une minute de silence. Un gendarme s'est mis au garde-à-vous, il a été sanctionné.

À partir de ce 24 octobre 1941, une page est tournée, celle d'un occupant se voulant rassurant, correct et courtois avec la population. Une nouvelle page s'ouvre, celle où apparaît le visage hideux de la bête immonde, le fascisme hitlérien dans toute sa férocité, sa bestialité, sa volonté de domination, celle d'écraser sous sa botte toute velléité d'indépendance pour la France, de liberté pour ses citoyens dont ils veulent faire un peuple soumis.

Après la fusillade des cinquante otages, la préfecture a veillé à combler les vides. Treize nouveaux internés pris dans le camp avaient été transférés dans notre baraque. Parmi eux, les frères Jean-Roger et Edgar Razeau, et Armand Monge un membre des Jeunesses qui avait conservé le contact avec le camarade Lopécrus, un des responsables de l'Organisation secrète à Bordeaux.

---

7 Liste des fusillés du 24 octobre 1941 :
Allo Roger, Amanieu Pierre, Audran René, Balloux René, Balsaa Honoré, Belloc Julien, Blanc jean, Bonnardel Jean, Bonnel Henri, Boucauld Jean, Bret Robert, Brunet Jean, Cantelaube Jean, Charlionnet Alfred, Delattre Marcel, Delor Jean, Delrieu Henri, Desbats François, Dupin Emile, Durand Louis, Ellias Louis, Gayral Armand, Gérard René, Girard Jean, Girard Pierre, Granet Lucien, Guichard Louis, Julien René, Labrousse Pierre, Lagoutte Edmond, Lapelleterie André, Laval Alban, Leborgne Roger, Lejard Roger, Malsang Robert, Massias Gabriel, Maumey Camille, Mery Richard, Mette Aristide, Michel Jean, Mondaut Jean, Dr.Nancel-Penard Raymond, Puyoo Jean, Raufaste Jean, Reyraud Gaston, Rochemont Gustave, Rouchereau René, Trabis Michel, Vilain Pierre, Wattiez Alfred.
Furent fusillés avant les « Cinquante » : Karl Israël, le 27 août 1940 ; Mourgues Pierre, le 5 décembre 1940 ; Lerein Pierre, le 23 octobre 1941.

8 René Duhourquet, ancien déporté, dont le fils Serge, lieutenant F.T.P.F., a été fusillé à Souge à l'âge de 18 ans, fut maire de Bègles et président fondateur du Comité du souvenir des fusillés de Souge.

1942 : Trois tentatives d'évasion

Nous étions au printemps 1942. Nous avions déjà eu des échos des opérations conduites par l'O.S. dans la région et je supportais de moins en moins d'en être absent. L'enfermement commençait à me peser lourdement.

Mon souhait de m'évader pour rejoindre la Résistance fut transmis par André Monge à Lopécrus. Il y répondit par l'affirmative en me donnant rendez-vous chez lui, près de la place Belcier à Bordeaux afin de m'orienter vers les réseaux du maquis. Mais la plus grosse difficulté consistait à sortir de notre baraque entourée de barbelés. En effectuant avec un fer rouge une fente dans le bois afin de faire basculer la barre de fer que les gendarmes mettaient chaque soir en travers de la porte, j'avais résolu le problème de la sortie de la baraque. Mais le passage sous les barbelés restait à régler. D'après mes observations, il fallait en se glissant au ras du sol, relever un à un chaque barbelé et le raccrocher à celui du dessus. Ce que je fis le soir du 2 août sans trop de bruit. Mais, contre toute attente, un gendarme se trouvait juste en face de l'endroit où je devais sortir. Son coup de sifflet strident alerta les gardiens. Le garde civil Couvidou s'est précipité sur moi en hurlant, le gourdin à la main. Les coups pleuvaient. Fort heureusement, le chef des gendarmes arrêta la séance.

Je ne savais pas à ce moment-là ce que le camarade Raoul Grangé m'a appris par la suite : un indicateur se trouvait dans la baraque et avait prévenu les gendarmes. À l'époque, Grangé servait au mess des gardiens. À table, l'un d'entre eux s'était esclaffé : « Ce soir, nous avons une évasion à la baraque des otages ! » Malheureusement, Grangé n'avait pas pu nous alerter à temps.

Le chef des gendarmes se conduisit convenablement en minimisant le fait auprès du directeur, si bien que celui-ci écrivit à la préfecture de manière laconique : « Durou Georges a tenté de s'évader le 3 août 1942. Il se trouve dans le baraquement « spécial » d'où il lui est interdit de sortir. »

On me supprima toute visite et tout colis. Le directeur du camp estima que cette sanction était plus efficace que la mise en cellule. Ainsi se termina sans trop de mal ma première tentative d'évasion.

Cet échec ne me fit pas perdre l'envie de m'évader afin de reprendre la lutte, et je cherchais l'occasion propice pour tenter de nouveau la belle. J'avais eu une relation intime avec Reine Williams qui attendait un enfant de moi. En raison de la publicité que faisait Vichy sur sa politique de la famille, je m'en ouvris au camarade Borel, d'Arcachon, le responsable politique de la baraque des otages. Après réflexion, il fut convenu qu'il fallait profiter de cette naissance et du mariage éventuel pour obtenir une permission qui me permettrait de m'évader. J'avais toujours conservé le contact avec Lopécrus. Après la naissance de ma fille Danielle et avec l'accord de Reine, je fis une demande de permission pour me marier. En concertation avec Borel, il nous parut fin d'écrire pour donner plus de poids à ma demande : « Prenant en considération les directives du maréchal Pétain, concernant la famille... ». L'inspecteur Lafargue qui m'interrogea pour connaître mes intentions ne s'y est pas trompé. Il refusa la permission et envoya un mot à Reine lui indiquant qu'il n'accordait pas son autorisation car je voulais simplement m'évader. Le prétexte avancé pour tenter mon échappée était éventé et je me demande si ce n'est pas toujours le même indicateur qui, dans la baraque, avait surpris le manège.

Le 21 septembre 1942, soixante-dix nouveaux fusillés au camp de Souge. Ils avaient été arrêtés alors qu'ils étaient soupçonnés de participer dans leurs entreprises à des actions de sabotage de la production. Ils n'avaient pas encore été jugés. Il n'y avait pas eu dans les jours précédents d'action marquante de la Résistance en Gironde, l'attentat contre le cinéma Rex réquisitionné par la Wehrmacht avait eu lieu à Paris. Alors se pose la question : pourquoi soixante-dix otages fusillés à Bordeaux ? Sur ordre de Berlin, une note secrète du commandant S.S. Horts Laube, datée du 16 septembre, nous l'apprend :

« Depuis le 11 août 1942, date des dernières exécutions d'otages, 36 militaires et 5 civils allemands ont été tués ou blessés par des actes de sabotage et de terrorisme. Si pour chaque ressortissant allemand tué ou blessé, il y a lieu de fusiller 2 Français, il faudra donc fusiller 82 personnes. En tant qu'otages à fusiller, la section II dispose actuellement au fort de Romainville, de 9 personnes, y compris les condamnés par la cour martiale, que le gouverneur militaire tient prêts pour les sanctions à prendre. La section IV procède actuellement au transfert de 50 otages... »

Deux jours plus tard, le commandant S.S. fait de nouvelles propositions à Hagen où apparaît pour la première fois le nombre de 116 otages correspondant aux 58 membres de l'armée et civils allemands tués :

« Dans les derniers jours, et malgré des avertissements express, de nouveaux attentats ont encore été commis par des criminels communistes contre des membres de l'armée allemande et des civils allemands. C'est pourquoi j'ordonne qu'en représailles on fusille 70 détenus à Bordeaux et 46 à Paris, lesquels ont été reconnus coupables d'activités anti-allemandes ou communistes.

Le commandant suprême des S.S. et de la police, Oberg.

P. S. Dans un premier temps, il ne faudra pas préciser le lieu de l'inhumation. Les cercueils seront à répartir régulièrement et de façon discrète entre différents cimetières. »

Les otages furent enfermés au fort du Hâ dans des cellules réservées. Le texte suivant leur fut lu par le Kommandant Luther:

« Vous allez être fusillés en représailles des attentats commis ces derniers temps contre des membres de l'armée allemande et contre des civils allemands, sur incitation du Parti communiste. La fusillade aura lieu dans deux heures. Auparavant, vous avez la possibilité d'écrire une dernière lettre à vos parents et de recevoir la visite d'un ministre allemand de votre religion. Evitez toute allusion politique dans vos lettres, car elles ne seraient pas envoyées. »

Parmi ces soixante-dix fusillés, certains n'avaient été arrêtés que six mois plus tôt. Ils furent pris au camp de Mérignac, dans la baraque 6, au fort du Hâ et à la caserne Boudet, la prison militaire française de Bordeaux. Pour soixante-cinq d'entre eux, la seule inculpation ne pouvait être que l'activité communiste illégale, cela suffisait pour justifier leur condamnation à mort. On mesure là le zèle du commissaire spécial Poinsot devenu chef de la section des affaires politiques. Son complice allemand du K.D.S., Dhose a déclaré en 1948 lors d'un interrogatoire: « Les inspecteurs de Poinsot et lui-même, en qui j'avais une totale confiance, opéraient avec une rigueur peu commune, principalement lorsqu'ils avaient affaire à des communistes. »

Armand Monge fut l'un des soixante-dix fusillés du 22 septembre 1942. J'avais ainsi perdu mon ami et plus prosaïquement toute possibilité de contact avec Lopécrus. C'est alors qu'Amédée Berque me fit part de son intention de s'évader. Si j'étais d'accord pour l'accompagner, il poserait la question à son correspondant, ce que j'acceptais. Durant cet automne, nos gardiens avaient supprimé la baraque des otages et nous étions tous regroupés dans des baraques normales, ce qui facilitait l'évasion.

Il fut convenu que ce serait le 18 novembre 1942. Mais, à ma grande surprise, trois jours avant la date fixée, je suis appelé au bureau du camp et immédiatement encadré par deux agents de la Gestapo. Ils m'emmènent d'abord à la Bourse du Travail où se trouvait la Feldgendarmerie, puis je suis transféré dans le mouvement au fort du Hâ. Ainsi se sont terminées mes tentatives d'évasion du camp de Mérignac.

J'étais étonné par cette coïncidence : trois jours avant l'évasion ! À mon retour, en fouillant dans les archives, j'y ai trouvé une correspondance de la préfecture demandant à la Feldkommandantur les raisons de mon transfert au fort du Hâ. La réponse est celle-ci : « II voulait s'évader. » J'ai donc tout lieu de penser que parmi mes proches au camp de Mérignac, j'en avais un qui me suivait de près.

15/11/42 : Fort du Hâ

Cette fois, je découvre le fort du Hâ sous un angle inconnu. Nous y pénétrons en effet par l'entrée percée sur le cours du Maréchal-Foch et qui débouche sur le chemin de ronde menant à la tour encore visible depuis le cours des Frères-Bonie. Le quartier cellulaire jouxtant la rotonde centrale a été fermé par un mur de briques, laissant ainsi ce quartier du fort sous la seule autorité des Allemands.

Après les formalités habituelles, je suis conduit dans une cellule du second étage. Le soldat allemand ouvre la porte et je me trouve face à onze détenus qui me regardent avec curiosité. Tous sont debout sauf trois assis par terre sur une couverture. Pas de lit en fer - heureusement, j'en connais les inconvénients! - cela prendrait trop de place.

La porte refermée, les questions fusent: Qu'est-ce qui t'arrive? Qu'as-tu fait de répréhensible, etc.

Avec un calme étrange, je raconte mon histoire depuis le 21 février 1940. Nous sommes le 15 novembre 1942, déjà trente-trois mois d'enfermement. J'en profite pour livrer quelques informations un peu politiques. Des auteurs de petits larcins aux ouvriers punis de la base sous-marine en construction jusqu'au petit cordonnier d'origine espagnole qui tenait boutique cours d'Albret, tous m'écoutent attentifs. Ils sont très impressionnés quand je leur parle des cinquante premiers fusillés au camp militaire de Souge et de l'interrogatoire conduit par les policiers français qui a précédé la fusillade. Je leur décris les conditions de l'exécution des soixante-dix patriotes le 21 septembre 1942; je détaille le parcours des trois détenus de la baraque des otages, Armand Monge et les deux frères Razeau, qui ont été amenés au fort du Hâ avant d'être fusillés. Je pense alors que pour moi, il en sera de même...

À douze dans une cellule, il y a besoin d'une sérieuse discipline pour rythmer la journée sans accrochage. Je me renseigne, comment font-ils pour ménager un temps de repos à chacun? Grâce à l'église voisine qui sonne les heures, un tour a pu être organisé: six restent assis, les autres debout marchent les uns derrière les autres. Ils font des allers-retours de trois mètres dans la place laissée libre. La rotation s'opère toutes les trois heures.

Le matin, on nous sert une boule de pain noir fabriqué par la boulangerie de la prison. Chacun fait son partage pour le matin, le midi et le soir. Quant à moi, le premier jour, je mange immédiatement toute ma boule. Sentant les interrogations poindre, je précise à l'intention du groupe : « Je veux avoir assez de force quand ils viendront me chercher pour leur cracher à la gueule. »

Vers le début janvier, cette heure arrive. Le soldat allemand chargé du service, m'appelle : « Durou… Prenez vos affaires. » Il est près de 10 heures. Je dis adieu à mes compagnons de cellule et leur demande de ne pas s'inquiéter, j'étais prêt à tenir mes promesses.

À mon grand étonnement, on s'arrête au premier étage devant la dernière cellule près du mur de briques. Je suis encore plus surpris quand je pénètre dans la cellule, il ne s'y trouve que deux prisonniers. L'un est yougoslave, il parle français et allemand, l'autre est français et comme par hasard, il connaît bien Bègles. Je les salue donc, pose mon barda, couverture, brosse à dents et dentifrice et je m'assois sur ma paillasse. Les questions habituelles ne tardent pas à fleurir. Je rapporte l'histoire telle que je l'ai toujours déclarée à la police française : je suis innocent et victime d'un malentendu.

Quelques jours après, on me porte un petit colis qui contient une paire de pantoufles. Je m'aperçois que les semelles sont doublées. J'arrive péniblement à découdre la seconde semelle de feutre, mes deux codétenus m'observent. Je suis obligé de continuer car je sais que je ne serai jamais seul. Glissé entre les semelles, il y a un papier plié en deux, quelques lignes manuscrites mais rien de compromettant : « On pense à toi… » Ma mère a trouvé le moyen de me réconforter.

La promenade a lieu en principe une fois par semaine. Ce jour-là, je devine que le Yougoslave explique en allemand qu'il ne sortira pas, qu'il restera dans la cellule. Effectivement, la promenade se passe sans lui. Je retrouve la cellule. À quelques détails, je m'aperçois que mes pantoufles ne sont pas exactement à la même place. Je comprends alors pourquoi le Yougoslave n'est pas sorti. Il me surveille. Je dois rester très prudent dans mes propos. J'apprendrai plus tard, que le prétendu Bèglais se présentera chez moi peu après… pour se faire à son tour rabrouer par mon père ! J'avais là vraiment deux charmants compagnons de cellule !

Le 19 janvier au matin, la porte s'ouvre : « Durou, avec vos objets personnels, dehors ! » Voilà le jour attendu. Sans vouloir y croire, le moment est venu. Il est là. Il ne reste plus qu'à se préparer pour une mort digne des idées que je défends.

Au rez-de-chaussée de la tour, on me rend mes vêtements civils. Je ne suis pas seul, une vingtaine de détenus sont comme moi affairés à se vêtir ou à vérifier qu'il ne leur manque rien. J'aperçois un visage connu. C'est Fichon, Fifi comme nous l'appelions, le responsable de *l'Avant-Garde* dans la direction régionale de la Jeunesse communiste. Je me fraye un chemin jusqu'à lui : « Bonjour, Fifi. »

Tous les dimanches matin, il allait vendre *l'Avant-Garde* au marché qui se tenait sur « les Fossés », ancienne appellation bordelaise du cours Victor-Hugo d'aujourd'hui. Arrêté par la police, il refuse de donner le nom de ses complices. Poinsot trouve alors une petite astuce qui se montrera payante. Un dimanche matin, ils amènent Fifi sur les fossés, lui enlèvent les menottes et lui ordonnent de descendre le cours en se promenant parmi la foule. Laquelle ne manque pas de « promeneurs bien intentionnés ». Un copain, Ferrer, s'approche : « Hé, Fifi ! » Il n'en dira pas plus, deux promeneurs lui tombent dessus et avant que l'entourage ait eu le temps de réaliser il se trouve embarqué. Un de ces étranges promeneurs serre de près Fifi et lui ordonne : « Continue ta promenade ! » Deux autres camarades seront pris.

Au rez-de-chaussée de la tour, tous les prisonniers ont terminé leur paquetage. Un soldat nous amène dans une cellule mitard, sol cimenté et pas de fenêtre. Nous sommes debout serrés, impossible de s'asseoir. Nous sommes vingt-cinq ou trente peut-être. Le premier geste d'un certain nombre est de sortir le paquet de cigarettes, le briquet et d'en fumer une avec un grand plaisir bruyant : « Ah que c'est bon ! Ah que c'est bon ! » Très vite l'atmosphère est intenable, on étouffe, on va tous y rester si ça continue. Je hausse le ton : « Eh ! Les fumeurs éteignez vos cigarettes, on s'étouffe ! » En même temps je frappe très fort à la porte, un soldat ouvre. Il ne demande rien, pousse en grand la porte et se met à vociférer. On ne comprend pas. Mais lorsqu'il attrape, sans ménagement, la cigarette du premier qui se trouve à sa portée et la piétine tout en continuant à hurler « Schweinerei ! » (Tas de cochons !), les fumeurs ont compris. Les cigarettes sont éteintes. Il n'y a pas de courant d'air, la fumée s'échappe très lentement. Nous sommes quelques-uns encore lucides à agiter les bras ce qui chasse un peu mieux la fumée. Le soldat toujours en poste maintient la porte ouverte encore quelques minutes. Heureusement ! Puis jugeant l'atmosphère respirable, il nous enferme à nouveau.

Mais nous n'attendons pas longtemps, presque aussitôt, la porte s'ouvre. Accompagnés des hurlements des gardiens, nous sortons précipitamment. Par le chemin de ronde, nous arrivons cours du Maréchal-Foch où nous attendent deux camions bâchés, munis de bancs de chaque côté. Au fond du camion, deux soldats sont assis. On nous fait monter. Pour terminer, les deux dernières places sont occupées par deux autres soldats se faisant face. Démarrage du convoi. À la Bourse du travail, on tourne à gauche, je pensais partir vers la droite, vers le camp de Souge. Mais le camion continue, passe la place de la Victoire, les Capucins, le cours de la Marne et nous arrivons à la gare Saint-Jean.

19/01/43 : Compiègne

On nous fait descendre sur la droite de la gare. On longe les voies jusqu'à rejoindre quelques wagons de marchandises en stationnement. Nous montons dans un de ces wagons, deux soldats nous accompagnent. Nous sommes environ une quarantaine. Des coups de tampon, des bruits de rails et de roues qui changent de voie puis un choc et on s'immobilise. L'attente est brève, le train s'ébranle. Un des deux soldats s'approche de la porte et l'entrouvre pour admirer le paysage. On passera de nombreuses gares sans pouvoir les identifier, le soldat ayant rapidement refermé le panneau coulissant.

Après de multiples changements de voies et d'attentes, on entend un haut-parleur annoncer: « Compiègne! » Descente accompagnée de hurlements. Nous sommes dirigés vers une caserne, la caserne Royallieu. Le décor est bien connu: le mur surmonté de barbelés, la grande porte en fer forgé, la guérite, un soldat en poste.

Nous voici dans une baraque. Fifi a un lit près du mien. On s'assoit face-à-face. On se regarde, pas besoin de parler nos pensées sont communes. Où irons-nous? En Allemagne sûrement. Je repense au député allemand, à sa description des camps. Nous échangeons nos réflexions et tombons rapidement d'accord. Il doit bien y avoir ici quelques membres de l'organisation clandestine. Ces copains doivent être contactés. Il nous faut visiter le camp. Nous sortons. À peine quelque cent mètres parcourus, trois personnes qui comme nous semblaient se balader, arrivent à notre hauteur. Le plus grand s'arrête: « Hé, bonjour les gars... Vous venez d'arriver? Qu'est-ce qui vous amène? Vous faisiez du marché noir? » L'air débonnaire qu'ils affectent nous semble un peu forcé. Mais comment expliquer cette confiance qui nous gagne, Fifi et moi? Le premier, Fifi se lance et raconte son histoire. Je confirme en précisant que je l'ai connu avant-guerre et j'indique sa responsabilité aux Jeunesses communistes de la région de Bordeaux. Je raconte à mon tour mon parcours. Ils nous disent que tous les trois étaient dans le même groupe de F.T.P. et qu'ils sont de la région parisienne. Puis ils prennent congé, nous serrent chaleureusement la main et nous disent à bientôt. Plus tard j'ai appris leurs noms: Albert Rossenthal, Raymond Lesieur et Louis Chaput.

Après le rituel du soir - repas, appel, coucher - la nuit ne se passerait pas trop mal sans le retour obstiné sur la journée écoulée et son lot d'émotions. Pourquoi cette sérénité lorsqu'au rez-de-chaussée de la tour du fort du Hâ, je prépare sans angoisse mon baluchon ? Suis-je inconscient ? Depuis un certain nombre de mois, je me suis persuadé qu'après trois évasions manquées, je n'en sortirai pas. Je suis pris dans la nasse, il n'y a plus d'échappatoire. Il faut me faire une raison. J'en suis ainsi arrivé à ne plus penser qu'au jour le jour et jamais au lendemain.

Au matin, on se retrouve avec nos trois nouveaux copains. Ils nous parlent du camp, de l'évasion spectaculaire de 19 internés, du tunnel qu'ils ont percé depuis l'intérieur d'une baraque, de l'évacuation de la terre mise dans les poches légèrement trouées des pantalons et dispersée au cours de promenades dans le camp. Ils insistent sur l'organisation que cela suppose pour éviter de se faire prendre, sur la complicité de tous les gars de la baraque qu'elle implique. Ils nous laissent entendre que si on en a le courage, ils pourraient avoir besoin de nous dans l'organisation.

Deux jours se passent sans péripétie. Le troisième jour, nous sommes le 23 janvier 1943, grand remue-ménage dans le camp. Robert Rossenthal (que j'appellerais dorénavant Bébert) nous apprend qu'un convoi pour un camp de concentration en Allemagne se prépare. Il repart dans sa baraque car tout le monde est consigné.

23/01/43 : Convoi

Une escouade de soldats s'approche de notre baraque, elle est dirigée par un gradé portant une de ces superbes casquettes au devant surélevé. Il appelle une vingtaine de noms. Fifi et moi sommes du lot. Deux soldats nous emmènent vers un point de rassemblement. D'autres groupes arrivent et nous partons en colonne vers les voies de garage de la gare de Compiègne. Combien sommes-nous ? Les wagons à bestiaux sont alignés le long d'un quai, portes coulissantes ouvertes. Nous sommes encadrés par des dizaines de soldats. Ils nous font monter en nous comptant. Près de moi, j'entends un prisonnier qui a l'air de comprendre l'allemand : « Nous sommes 120. » Si j'ai bien lu, ces wagons devaient servir aussi à l'armée, il y est écrit : hommes quarante, chevaux huit en long. Et nous sommes cent vingt ! Les derniers sont obligés de pousser les copains pour pouvoir entrer, pressés qu'ils sont à coups de crosse de fusil par les soldats.

Bébert et Fifi sont dans le même wagon. Je réussis à les rejoindre après de fortes poussées qui ne plaisent pas toujours. Nous sommes tous serrés les uns contre les autres. On ne pense pas encore à savoir comment on va dormir. En passant j'ai remarqué un gros bidon, il servira à satisfaire nos besoins naturels. On nous a distribué au départ, une boule de pain et du saucisson. Pour l'instant je n'ai pas faim. Je range la boule sous la chemise juste au-dessus de la ceinture. On se regarde sans un mot, mais l'inquiétude est dans tous les regards. Personne ne parle. Une voix brise le silence : « J'ai besoin d'aller pisser, laissez-moi passer. » Il parvient à se frayer un chemin jusqu'au bidon. On entend le bruit du jet sur les parois. Pourquoi encore ce silence ? Peut-être sommes-nous tous au même diapason ? Comment faire si on a un besoin plus important ? Et lorsque le bidon sera plein ? Des coups de sifflets stridents, un bruit de roues sur les rails, nous partons.

La parole revient dans les groupes. « Où va-t-on ? Qu'en penses-tu ? On va vers le nord ou vers l'est ? Ils vont sûrement nous faire travailler. Ils doivent avoir beaucoup de civils mobilisés après la défaite qu'ils sont en train de subir à Stalingrad… »

Bébert avait pu conserver sur lui un petit couteau. Fifi et moi tombons vite d'accord avec lui. Il fallait attaquer le plancher du wagon, desserrer les lames, ouvrir un passage et nous laisser glisser sur une entretoise en fer. De là, il restait à serpenter entre les roues jusqu'au milieu du wagon, à nous laisser tomber sur les traverses et le ballast et enfin à effectuer un rouler-bouler pour nous retrouver en bas du talus. Le plancher était très épais et le couteau bien frêle. Bébert a toutefois entrepris la besogne. Nos codétenus s'en sont aperçus. Ce fut immédiatement une explosion de colère. « Ils veulent s'évader… Arrêtez-les!... Arrêtez-les! C'est nous qui allons payer! » Tumulte général, certains affirmaient qu'après une tentative d'évasion, les Allemands avaient mitraillé le wagon et tué tous ses occupants. D'autres racontaient qu'en pareille circonstance, ils avaient fait descendre tous les prisonniers en plein hiver, les avaient fait se déchausser, piétiner dans la neige et la boue, à se geler les pieds, avant de les faire remonter à coups de crosse dans le wagon. Je croyais plus alors à des légendes qu'à des vérités et pourtant!.... Mais je ne pouvais pas donner tort aux protestataires. Je savais par expérience que pour un coupable, tout l'entourage censé être complice devait subir la punition. Aussi devant tant d'opposition et de véhémence, nous avons arrêté notre entreprise.

Fifi commence à être fatigué, il est assez lourd. Bébert et moi cherchons comment lui ménager un peu d'espace afin qu'il puisse s'asseoir. Si on se mettait tous les deux face à face, les jambes écartées, Fifi se glisserait aisément entre nous. Il pourrait ensuite s'asseoir et appuyer son dos contre une de nos jambes. On tente l'opération, la méthode s'avère bonne. Seulement, Fifi doit plier les genoux sinon ses jambes se mêleraient à celles des voisins et chacun défend son espace.

Voilà près de douze heures que l'on est debout, la nuit tombe. Autour de nous, bon nombre de nos compagnons d'infortune sont affaissés. Nos jambes ne nous tiennent plus, on se laisse aller. Fifi se retrouve sur mon ventre, Bébert sur les pieds de Fifi, ses jambes sur mes épaules. On croit pouvoir se reposer, j'allais dire respirer. Mais non, la respiration devient difficile, on est oppressé. La nuit a envahi le wagon. Fifi s'est endormi, j'essaie de rester les yeux ouverts, mais moi aussi je sombre à mon tour. Bébert a dû en faire autant.

Cela fait bientôt près de vingt heures que nous sommes dans ce train de wagons à bestiaux. Si l'endormissement fut assez rapide, nous tombions tous de fatigue, tous nos ressorts s'étaient rompus, le réveil en revanche ne se fit pas en fanfare. Ce fut un concert de gémissements et de petits cris, de plaintes. Nous étions tous courbatus. Rester des heures dans des positions impossibles à imaginer ne peut générer que des douleurs, surtout quand il s'agit de bouger une jambe, un pied, le corps. Vous êtes obligés de prendre appui ou sur une jambe, un pied ou toute autre partie d'un corps qui proteste en poussant des cris ou des jurons. Chacun voulait bouger, mais ne pouvait le faire sans agresser ses voisins. Imaginer cent vingt corps enchevêtrés dans un petit espace, tous veulent se dégourdir, tous ont mal, se font mal et font mal aux autres en remuant. Le vacarme s'amplifie : « Je veux aller pisser, fais-moi de la place ! » Est-ce que cette envie est communicative ? En quelques minutes, tous, nous voulons y aller. C'est un remue-ménage indescriptible. On y voit à peine. Mais, peu à peu, un certain calme se rétablit car nous sommes tous debout pour aller au même endroit, autour du bidon où ils sont déjà quatre. Se collant contre les quatre, dont on perçoit le soulagement, une sorte de queue s'organise. Je passe sur le bruit obsessionnel des roues sur les rails et sur l'odeur fétide venant du bidon où se mélangent les urines et les excréments.

Pour la plupart, ce qui reste de leur boule de pain est bien modeste, quand il en reste. La faim commence à se faire sentir, mais ce n'est rien, la soif domine. Plus de vingt-quatre heures que l'on n'a pas bu, si du moins on a pris la peine ou le temps de boire avant de partir. Encore une douleur de plus qui vous taraude la bouche, la gorge. Où sommes-nous ? En Lorraine ? En Alsace ? En Allemagne ? Nous ne doutons pas que la destination soit là.

Chacun s'étant peu ou prou soulagé, d'autres maux se manifestent et les angoisses réapparaissent : « J'espère que nous allons bientôt arriver… Ce n'est pas possible que l'on mette aussi longtemps pour aller à Berlin… Comment sais-tu que l'on va à Berlin ? L'Allemagne ce n'est pas que Berlin !... Et si on nous envoyait en Pologne ? Mais tu n'y penses pas ! Tu imagines… Passer encore une nuit dans ce wagon, c'est impossible, je ne tiendrai pas le coup… » L'incertitude amplifie l'angoisse et l'angoisse se diffuse dans tout le wagon. Ce seront bientôt les lamentations.

Avec mes deux camarades, on tente à nouveau de s'asseoir. Cette fois, c'est mon tour. On essaie de refaire le même système. Mais Fifi est trop petit, je ne peux pas passer entre ses jambes. C'est entre celles de Bébert que je me glisse et ça marche. Me voilà le dos sur le plancher du wagon. Ce qu'on est bien ! Un coup de pied dans mes chevilles… J'avais oublié, je dois plier les genoux et rentrer mes jambes.

Quelle heure est-il ? Quelqu'un répond : « Il est midi trente-cinq. » Certains sortent un quignon de pain, il est rapidement enfoui ou longuement mâchonné. J'en fais de même et Bébert aussi. Je regarde Fifi : « Tu n'as plus rien ? » Il bougonne, j'insiste : « Tiens, on va partager. » Il me répond assez sèchement : « Je n'ai pas faim. »

Le train s'arrête. Ceux qui sont près de la lucarne grillagée chuchotent : « II n'y a pas de gare, on ne voit que des prés et des bois. » On entend des bruits de botte sur le ballast, ponctués de sons gutturaux dont on ne comprend pas la signification. Puis ce sont des hurlements. À qui s'adressent-ils ? Que disent-ils ? Le compagnon qui connaît un peu d'allemand traduit pour nous : « Tous ceux qui sont dans le wagon où la tentative d'évasion a eu lieu doivent descendre et enlever leurs chaussures. » Des hurlements s'ensuivent : « Los... Los... Los... » (Allez... Allez... Allez !). On perçoit alors une cascade de bruits répétés. On imagine que ce sont les gars qui sautent du wagon sur le ballast. Vont-ils les faire se déchausser ? Silencieux et angoissés, nous écoutons l'oreille tendue vers l'extérieur... Que se passe-t-il ?... Chacun essaie d'identifier les bruits perçus. « Ils rassemblent les chaussures... Ce sont des pas sur le ballast... Des cris étouffés de gens qui se plaignent... » Un silence puis les bruits sur le ballast reprennent, ce sont certainement les gars qui remontent dans le wagon. « C'est la porte du wagon que l'on referme... » On saura à l'arrivée ce qui s'est réellement passé. Pour notre part et dans l'instant, nous avons compris pourquoi nos compagnons lorsqu'ils ont vu que l'on préparait une évasion, ont réagi si violemment. « Des coups de sifflets... On va sûrement repartir... Ca y est... On repart. »

Le silence retombe dans le wagon. Silence tout relatif, le bruit lancinant des roues passant d'un rail sur un autre, ce bruit répétitif qui s'accélère puis atteint sa vitesse de croisière, résonne dans ma tête. Je n'avais pas ressenti ce bruit infernal dans le train qui, chaque année pour nos vacances en Dordogne, nous conduisait en famille de la gare d'Orléans à Bordeaux jusqu'à celle de Bergerac. Il est vrai que les trains de marchandises n'ont pas d'isolation. À la longue, oui, ça devenait infernal. Je m'en ouvris à mes voisins. Ils ressentaient les mêmes bourdonnements, les mêmes douleurs à la tête, au point d'en oublier les sensations d'engourdissement, la faim, la soif, l'angoisse. Alors que cette dernière augmentait au fur et à mesure que l'imagination nous faisait croire que la destination était proche.

Dehors, la clarté n'était plus ce qu'elle était. Est-ce le ciel qui se couvre de nuages ? « Il est un peu plus de 19 heures, c'est plutôt la nuit qui tombe », précise un voisin en regardant la montre à son poignet. Ces montres étaient assez rares. Cependant, les Allemands ne nous les avaient pas encore supprimées ; ils savaient qu'à l'arrivée ils rafleraient tout. Il fait nuit maintenant. Il faut reprendre nos positions pour que chacun puisse un rien se reposer. Bébert passe entre mes jambes, replie ses genoux et s'allonge sur le dos. Fifi en fait autant aux pieds de Bébert, je me laisse glisser sur le ventre de Bébert la tête sur ses genoux, les jambes repliées. Avec la fatigue, les émotions de la journée, on s'endort ou on fait semblant, c'est difficile d'empêcher les idées de tourner dans la tête.

Il commence à faire jour, la vitesse ralentit. Nous arrivons, nous saurons peut-être où nous sommes. Mais qu'allons-nous trouver ? Nous n'allons pas tarder à le découvrir. Le train s'arrête.

26/01/43 : Oranienburg-Sachsenhausen

Des cris. Des hurlements. Des aboiements. Des portes qui s'ouvrent brutalement, roulent et frappent lourdement au bout des glissières. C'est au tour de notre wagon. La porte s'ouvre, on découvre un spectacle innommable. Une dizaine de S.S., bâtons à la main, tapent à coups redoublés sur les parois du wagon et sur les premiers d'entre nous qui se trouvent devant l'ouverture. Tout autour, d'autres retiennent des chiens hurlants, gueule ouverte, babines retroussées, crocs luisants, prêts à nous sauter dessus si on leur relâche la laisse. Ce sont des cris ininterrompus : « Los... Los... Los. » Les bâtons servent à nous faire comprendre qu'il faut sauter sur le ballast. Il doit y avoir près d'un mètre du plancher du wagon au sol. Les plus jeunes, dont je suis, sautent. Je n'ai pas de valise, seulement un sac de marin peu encombrant. À peine le sol touché, les coups de pieds et de bâtons pleuvent, les chiens près de nous redoublent de rage. On a vite compris qu'il faut laisser la place aux suivants et se ranger sur le bas-côté. Les plus âgés, valise à la main, hésitent à sauter. Alors avec hargne, deux S.S. montent dans le wagon, frappent tous ceux qui les gênent puis s'adossent contre la paroi du fond et à grands coups de pied et de bâton précipitent hors du wagon les anciens et les plus fragiles. Dans le désordre et la panique de ce débarquement, Fifi et moi sommes séparés de Bébert.

Dès que les wagons ont été vidés, la colonne de prisonniers, encadrée par les SS, s'ébranle. Nous sommes mille six cents à avancer sous les aboiements des chiens sans savoir où nous allons, ni où nous sommes.

Quelques kilomètres plus loin, à l'entrée d'une ville, j'aperçois un panneau indicateur : Oranienburg. Nous sommes à Oranienbourg, là où le député allemand accueilli par ma famille avait été emprisonné. C'est dans cette ville située à 25 km de Berlin que les premiers opposants au régime nazi furent enfermés. Une brasserie désaffectée y avait été aménagée à cet effet. Dès 1933, les prisonniers communistes, sociaux-démocrates ou populistes qui ont voté contre Hitler, les témoins de Jehova qui refusent toujours de porter les armes, les homosexuels connaîtront là les pires conditions de vie et de travail. Selon le « forfait » commis, ils étaient condamnés à un certain nombre de mois en camp de travail, et selon leur comportement ils étaient libérés. La peur, la hantise des camps contribua à fermer les bouches et à tarir toute opposition. C'était le but recherché.

Traumatisée par le voyage et son arrivée, empêtrée dans les valises et les balluchons, notre cohorte s'engage dans les rues d'Oranienburg. Nous sommes dans un triste état, mal peignés, les vêtements fripés, mal rasés. Il est facile de faire croire aux habitants que nous sommes des moins que rien. Les enfants, qui ont certainement la tête pleine de la propagande nazie, se moquent de nous. Certains même nous jettent des cailloux.

Au sortir de la ville, nous empruntons sur la droite une grande allée. Au loin, une lourde bâtisse à un étage barre la perspective. Au fur et à mesure de notre approche, on distingue mieux le bâtiment, son immense porche central fermé par une double porte en fer forgé sur laquelle est écrit: ARBEIT MACHT FREI (« le travail rend libre », mais à l'époque, je n'ai pas su traduire.) Dès la porte passée, on nous fait tourner à gauche et nous avançons le long des barbelés de la clôture. Tout le convoi est maintenant à l'intérieur du camp. On nous arrête: « Halt! »

Avec soulagement, les sacs et les valises sont posés au sol. On profite de ces quelques instants de répit, pour regarder autour de nous. Nous sommes tous tournés vers l'intérieur de l'enceinte. Derrière nous, le camp est ceinturé par un mur extérieur, longé par un chemin de ronde puis par une barrière de fils de fer barbelé électrifiés, de trois mètres de haut, avec à sa base une enfilade de chevaux de frise, et enfin par une bande de gravier de deux mètres qui arrive jusqu'à nos talons. À intervalles réguliers, des disques noirs frappés d'une tête de mort peinte en blanc sont fichés en terre. Leur signification est claire: sur cette bande de terre, c'est la mort, les S.S. postés sur les miradors tireront à vue.

Devant nous s'étend une immense place en demi-cercle d'où partent des files de baraques, alignées comme les branches d'un éventail ouvert. C'est en me retournant vers l'entrée du camp que j'aperçois un détenu, qui paraît jeune, en chemise, pieds nus. Je rappelle que nous sommes le 25 janvier, il n'est pas rare d'avoir dans le Brandebourg des températures de moins 15 degrés. Nous sommes habillés et l'on sent le froid, on a l'impression d'avoir les pieds gelés. Et lui... en chemise et sans souliers, un rutabaga à ses pieds... L'objet du délit, je suppose. La souffrance du froid n'étant pas jugée suffisante, lorsque passe un gardien il lui décoche un coup de schlague. Quelques heures plus tard, lorsque nous reviendrons habillés en bagnard, il sera allongé sur le sol, mort. La charrette emportera son corps vers le four crématoire.

Sur la place d'appel, un groupe de détenus en tenue rayée, veste, pantalon et bonnet, marche au pas cadencé sous les ordres d'un gardien : « Links... Links... Links... » (Gauche... Gauche... Gauche). Ils tournent autour de la place d'appel. J'apprendrai qu'il s'agit de détenus sanctionnés pour divers délits et envoyés à la Strafkompanie, une compagnie disciplinaire, pour un certain nombre de jours – un, quinze... ou plus - selon l'appréciation du degré de la faute commise. Chaque jour de 8 heures du matin à midi et de 14 heures à 17 heures, ils doivent tourner sur une piste au revêtement varié : sable, béton, terre labourée, pavés... Il y a même une mare à traverser. Quelques-uns portent sur le dos de lourds sacs chargés de cailloux pour rendre leur marche plus difficile et épuisante. Ils sont chaussés de souliers neufs fabriqués pour l'armée. Chaque soir, des experts en apprécient l'usure et les déformations afin d'améliorer leur fabrication et de fournir ainsi à la troupe des chaussures confortables et d'une solidité sans faille.

Cela fait près de sept heures que nous sommes à attendre. Les trois quarts des hommes du convoi ont progressivement disparu. C'est alors qu'un individu en pantalon rayé, emmitouflé dans une chaude veste bleu foncé bien coupée, s'avance vers nous. Il lance en allemand : « Dolmetscher ?...Y a-t-il un interprète ? » Deux voix s'élèvent : « Ja. » Ses instructions sont aussitôt traduites : « Les premiers, comptez-vous trente et mettez-vous en rangs par cinq. » Après quelques hésitations et sous les vociférations des gardiens, on parvient à s'aligner par cinq. Lorsque notre petit groupe se met en branle, Fifi n'est plus avec moi. Parce que nous sommes des nouveaux arrivés, la marche au pas n'est pas obligatoire, chacun suit comme il peut avec son barda.

On pénètre dans une longue baraque jouxtant la place d'appel. Tour à tour, on passe devant un détenu assis derrière une table. Il parle correctement le français : « Nom... Prénom... Adresse... Pourquoi êtes-vous là ? » Au point où j'en suis, je n'hésite pas longtemps : « Détention de tracts. » Cela paraît suffire. « Au suivant !... » Nous avançons. Trois détenus nous demandent de nous déshabiller, veste, pull, chemise, tricot de peau, chaussures... Tout disparaît et, par la même occasion, tous nos bagages aussi disparaissent ! Quelques-uns, par pudeur sans doute, gardent le slip, on leur fait rapidement comprendre qu'il faut être à poil. Ou plutôt... sans poil, car à la suite, le coiffeur, le friseur, nous attend tondeuse à la main. Tous les cheveux et tous les poils disparaissent à leur tour.

Immédiatement, nous passons à la douche, bouillante ou froide selon l'humeur de celui qui tient la manette. Enfin au vestiaire, sans considération de taille, de corpulence ou de pointure, on reçoit veste, pantalon, bonnet, tous rayés bleu et grège, chemise, caleçon, galoches à semelle de bois. On nous confie une bande de tissu, sur la mienne sont imprimés un triangle rouge, à côté un « F » pour indiquer ma nationalité française et mon numéro matricule : 58532. Et toujours à poil, on nous jette dehors sans ménagement. De quoi apprécier le froid glacial du Brandebourg. Trempés et gelés, nous nous habillons à la hâte. C'est alors que l'on se découvre, consternés. On se reconnaît à peine entre nous. Les trente sont transformés en bagnards. Pour terminer, nous passons tous à tour de rôle devant le photographe : face... profil...

La séance achevée, immédiatement, on nous fait mettre en rangs par cinq, deux détenus s'y affairent. Ils n'ont que le pantalon rayé mais portent une vareuse bien molletonnée, un béret bleu foncé, bien large, pincé sur le devant, signe qu'il s'agit de « notables » de l'administration. Nous partons, toujours en nous demandant où l'on va maintenant nous conduire. On contourne un peu la place d'appel et on s'engage à gauche dans une allée de baraques. Dans notre dos, nous avons en point de mire la porte d'entrée. Où que l'on se trouve d'ailleurs, on la voit toujours. On peut apercevoir aussi à son premier étage la mitrailleuse dont l'angle de tir couvre toute l'étendue du camp.

On entre dans une de ces baraques, la 37 je pense ou peut-être la 38. Sa porte centrale donne sur un étroit couloir. À droite, deux portes s'ouvrent sur des pièces de quatre mètres de large. Dans l'une, les WC, une enfilade de cuvettes, les unes à côté des autres ; dans l'autre, une large vasque en ciment, d'un mètre cinquante de diamètre, maintenue en hauteur par un pied de ciment. Au centre de la vasque un tuyau horizontal, terminé par une coupelle qui déverse tout autour de petits filets d'eau, à l'heure de la toilette du matin. À gauche, le couloir débouche dans une grande salle, qu'on peut appeler réfectoire, meublée de longues tables et de bancs. Dans un angle, un local clôturé par des placards métalliques, constitue le domaine du *Blockältester*, le chef de block chargé de la bonne tenue de la baraque et de ses occupants. Contiguë au réfectoire, une porte centrale donne sur le dortoir : cinq files de châlits en bois sur deux étages. Celui du haut est à environ cinquante centimètres du plafond. Il y a intérêt à ouvrir les yeux avant de s'asseoir sur ce lit. Nous sommes dans une baraque de quarantaine.

Cette quarantaine durera une longue décade. Elle est destinée à nous apprendre à devenir des *Häftling*, des détenus modèles. La « formation » débutera demain matin, nous en connaîtrons alors tous les détails. Pour ce soir, c'est l'heure de l'appel. Il a lieu devant la baraque. Nous n'avons pas encore le droit d'être sur la place d'appel car nous n'avons pas encore eu le temps de coudre nos numéros sur la gauche de la veste et sur la jambe droite du pantalon. La colonne est toujours par cinq, ceux du premier rang sont les plus exposés aux coups car l'alignement doit se faire suivant une ligne droite que rien ne doit dépasser. Le chef de block se poste en bout du premier rang et malheur à la chaussure qui mord le trait!... Le S.S. qui va nous compter doit être très satisfait de son esclave garde-chiourme. Sans quoi ce dernier pourrait craindre pour ses avantages. En somme, tout le monde à intérêt à la satisfaction du S.S.

Le S.S. arrive: « Stillgestanden! » (Garde-à-vous!). Les talons doivent claquer en un seul bruit, le buste raide, la tête droite, le regard devant soi. Il passe et nous compte. À la fin, il se tourne vers le chef de block: « Gut! » (C'est bon!).

L'appel a duré une heure trente. Nous apprendrons au fil du temps qu'un appel peut durer deux, trois ou quatre heures et comme par hasard toujours le soir, car le matin on part au travail après l'appel et il ne peut y avoir de retard. Le travail, c'est sacré! Nous retournons directement au réfectoire de la baraque. On va pouvoir enfin se restaurer, car comme on dit chez nous, l'estomac est dans les talons. Chacun s'installe sur les bancs autour des tables. J'ai perdu Fifi et Bébert. Pourtant nous étions ensemble avec Fifi durant la halte, le long des barbelés. Il m'avait fait alors une surprise incroyable. Il a ouvert sa veste, déboutonné sa chemise et il a sorti la boule de pain que l'on nous avait donnée à Compiègne. Il était resté vingt-quatre heures sans manger: « Allons, prends-en la moitié!... » Je pense aussi à Bébert, on a été séparé à la descente du train. Dans la panique, notre priorité était d'éviter les coups. Je suis donc seul maintenant! Retrouverai-je un jour mes copains? Maintenant il faut surtout chercher une place à table. Je m'installe à une place libre. Voilà le bouteillon porté par deux détenus, celui qui sert la soupe, le *Stubendienst*, est le second du chef de block. Il fait aussi partie de la nomenclature du camp. Les gamelles tournent autour de la table. Je n'ai pas de cuillère, quelques autres en ont reçu. La soupe ou plutôt le bouillon n'est que de l'eau dans laquelle ont cuit quelques rutabagas, quelques topinambours et peut-être des navets. Mais ces légumes pèsent plus que l'eau et restent au fond du bouteillon. Il faudrait pour faire une répartition équitable, souvent remuer avec la louche jusqu'au fond du pot. Notre *Stubendienst* ne doit pas le savoir ou le sait trop bien. En effet, son service terminé, il pense à récompenser du restant de soupe et des légumes oubliés ceux qui sont allés chercher les bouteillons et quelques privilégiés qui devront un jour lui rendre la monnaie de sa pièce. Nous avons vite compris que si nous voulions nous procurer une cuillère à soupe, nous ne pourrions la trouver que moyennant une récompense. On apprend ainsi un maître mot du système concentrationnaire nazi : « organisieren », à savoir utiliser tous les moyens possibles même les plus discutables, pour améliorer sa propre situation. On ne vole pas, on « organise » !

Outre la soupe, on avait eu droit à un morceau de pain, qui ne ressemblait pas à notre pain, ni par sa couleur, ni par son goût, mais on avait faim et pour moi, tout était bon.

Profitant de ce relatif relâchement, j'essaie de prendre quelques contacts. Je trouve un gars de la région parisienne qui était dans le wagon où il y avait eu deux évasions. Il me raconte qu'en punition, les S.S. les ont obligés à se déchausser et à marcher sur le ballast couvert de pierres concassées. Ils se fendirent les pieds jusqu'au sang sur les arêtes coupantes. Les S.S. ont contraint deux prisonniers à remonter toutes les chaussures dans un coin du wagon, à charge pour eux de veiller à ce que personne n'y touche. Leur arrivée à la gare fut encore plus violente que la nôtre. Les S.S. lancèrent les chaussures en vrac sur le ballast et firent descendre tout le monde à coups de botte. Plusieurs s'écroulèrent sur le quai. Ils n'arrivaient pas à se relever car les corps et les valises leur tombaient dessus. Avec les chiens aux fesses, il fallait chercher et retrouver ses chaussures éparses…

Plus tard, j'ai rencontré un autre déporté de la Gironde, arrivé dans le même convoi, Guy Chataigné, qui est devenu mon Frère de misère. Durant le voyage, il était dans un wagon où se trouvait un prêtre en soutane et chapeau noir à large bord. À l'arrivée, quand le prêtre a sauté du train, son chapeau sous le vent glacial qui soufflait, roula sur le bas-côté. Les S.S. trouvant là le moyen de se divertir, se mirent à en jouer comme avec un ballon de foot. Le pauvre abbé, « empagaillé » dans sa robe et sa valise, allait de l'un à l'autre pour essayer vainement de récupérer son chapeau, provoquant l'hilarité générale de ces messieurs. Il recevait au passage force coups de pied et de bâton jusqu'au moment où, épuisé, il resta à terre. Il fut obligé, avec les mêmes méthodes et sous les attaques des chiens, de péniblement se relever. Mais ça ne suffisait pas au plaisir des S.S.. Ils lui intimèrent l'ordre de prendre les valises de trois personnes qui semblaient avoir des difficultés, au nom de la charité chrétienne sans doute ! Lorsque le pauvre abbé perdait une valise, il se baissait pour la ramasser et en perdait une autre. Autant d'occasions rêvées pour lui taper dessus et le faire mordre par les chiens. Le prêtre était en lambeaux. Il ne pouvait plus se relever. Il est resté à genoux. Se remémorant la scène, Guy ajouta : « On avait l'impression qu'il priait, ignorant les coups qui redoublaient. » Lorsqu'il s'affaissa à nouveau, il était sans vie. Les S.S. désignèrent deux détenus qui l'ont pris sous les bras et l'ont traîné jusqu'au camp…

L'heure de l'extinction des feux venue, le chef du block n'eut pas besoin de répéter deux fois qu'on devait se coucher. Il fallait se trouver un châlit, se déshabiller et se glisser sous la couverture, après avoir pris la précaution par crainte du vol, d'enrouler dans la veste, pantalon, chemise et chaussures et de glisser le tout sous sa tête. Malgré toutes ces émotions, la fatigue aidant, je m'endormis.

Quarantaine

Le matin, nous sommes réveillés par des cris : « Aufstehen ! » (Debout !), repris des dizaines de fois par le chef de block et le *Stubendienst*. Ils ne se contentent pas de crier, ils joignent aussi le geste à la parole. Celui qui est encore au lit croyant peut-être que l'on nous laisse le temps de s'étirer, est vite descendu de sa paillasse. Ses vêtements, sa couverture, tout est jeté par terre. Un des deux détenus qui comprennent l'allemand, nous dit qu'il faut tout de suite faire son lit en mettant la couverture sur la paillasse et que celle-ci soit bien plate, sans pli ni bosse. C'est là où réside la difficulté. Après une nuit où l'on se tourne et se retourne, la paillasse bourrée de paille et de feuilles de maïs, n'est plus que creux et bosses. Dans son enveloppe, il y a bien des fentes pour passer les mains et les bras afin d'égaliser le tout, mais on n'est pas seul à vouloir le faire. Celui du premier étage veut sa place, celui du second aussi, et il faut agir vite et bien, pas facile ! Inutile de se dire : tant pis si ce n'est pas bien ! Car pendant le petit-déjeuner, nos deux chiens de garde font l'inspection, et celui ou ceux qui sont rappelés à l'ordre, doivent faire leur lit encore plus vite et encore mieux avec en prime les coups qui pleuvent : « Los ! Los ! Los !... Schnell, schneller ! » (Vite… Plus vite). Le petit-déjeuner, un quart d'une boisson chaude appelée café est vite expédié. C'est l'heure de l'appel : « Heraus, heraus ! » (Dehors !). On sort, en rangs par cinq, il fait très froid, combien de degrés en dessous de zéro ? Dix ? Quinze ? On grelotte. Le même scénario que la veille au soir se reproduit. Il sera répété deux fois par jour pendant combien de semaines, de mois, d'années peut-être ? Alignement impeccable, distribution de coups de schlague, garde-à-vous, comptage, recomptage. Ce premier jour de camp comment va-t-il se dérouler ?

Fin de l'appel, on nous fait rentrer dans la baraque, il fait meilleur que dehors, on s'assoit. Le plaisir est court… « Alle heraus ! » Devant la baraque en rangs par cinq. On nous sépare en deux groupes, un gardien pour chaque groupe. Nous marchons vers la place d'appel. « Dolmetscher ! (Interprète !)… Ja. » Le discours commence, immédiatement traduit : « Vous n'êtes pas ici dans un sanatorium, mais dans un camp de concentration, ici on rentre par la porte, le geste accompagne le regard, on sort par ici, le geste désigne une cheminée qui fume, c'est le four crématoire. »

Nous sommes prévenus, il n'y a pas de porte de sortie.

« Si vous ne voulez pas recevoir des coups ou être punis, il faut respecter une discipline de fer. On va vous apprendre en quoi elle consiste. » Ce discours très bref et sans fioriture s'accompagne d'un geste du bras droit dont la main tient une schlague. D'après mes observations, la schlague de notre garde-chiourme est constituée d'un fil électrique de haute tension d'un diamètre de 1 cm ½, recouvert d'un isolant caoutchouc. Ce qui n'atténue pas les coups.

Premier exercice, en rangs par cinq, alignement impeccable, les pieds qui dépassent s'en rappelleront. Nous avons tous la tête baissée regardant nos pieds, jetant des coups d'œil à droite et à gauche pour bien aligner nos galoches. « Garde-à-vous!... Repos!... Alignement. » Attention aux galoches qui dépassent, nous regardons tous nos pieds. Puis à nouveau: « Garde-à-vous! » L'esclave-instructeur passe et repasse imitant un chef inspectant ses troupes d'un air soupçonneux. Il commence par regarder les têtes. Tiens, un bonnet pas à son goût, un coup sur la tête, le bonnet tombe. Il faut rapidement le ramasser et le remettre selon son désir. Mais son désir, on ne le connaît pas. Le manège recommence jusqu'au moment où le gardien considérera que ça suffit. Il continue son inspection par les vestes. Il en voit une qu'il considère comme n'étant pas impeccable, un coup de schlague sur l'épaule du contrevenant, un autre coup à l'endroit qui n'est pas convenable, accompagnés de hurlements où l'on perçoit régulièrement les mots « sanatorium... crématorium... ». C'est une formule que nous ne risquons pas d'oublier même au cas où nous serions frappés d'une crise de délirium. Les temps de garde-à-vous se font de plus en plus longs et lorsque l'on ne bouge pas le froid se fait ressentir plus vivement. Il faut bien tester notre degré de résistance! Et ça continue... Cette fois ce sont les galoches. Il faut contrôler si les deux pieds sont bien parallèles. Et les lacets, n'y a-t-il pas un bout de lacet plus long que l'autre? Dans l'affirmative, cela devient du délire! D'abord inspection du premier rang, un coup de schlague sur les jambes puis sur les chevilles pour bien faire comprendre l'objet du délit. Presque tout le rang est courbé par la douleur des coups, les épargnés restent au garde-à-vous. Mais gare à ceux qui pour se réchauffer ou éviter l'ankylose, effectueraient des rotations avec les épaules! On est au garde-à-vous!... On passe au deuxième rang puis au troisième et au quatrième et au cinquième. Le valet des S.S. a l'air satisfait, il a largement fait usage de sa schlague. C'est très important pour sa hiérarchie, pour deux raisons : les coups sont aux yeux de ces messieurs le moyen le plus efficace pour enseigner la discipline et ils prouvent par leur nombre et leur violence le dévouement de leur esclave-instructeur. Certes, lui-même prend du plaisir dans son rôle de dominateur, de petit chef. Mais il est aussi observé par les gardes qui se trouvent dans le bâtiment au-dessus de la porte d'entrée. Pour se faire remarquer et apprécier des S.S., les coups sont l'argument le plus éloquent et le plus convaincant.

Le dernier exercice avant le repas de midi, marcher au pas, ne devrait pas être difficile à réaliser. Il y avait à mes côtés un monsieur ayant la soixantaine. J'ai su qu'il était cheminot à Saint-Yzan-de-Soudiac et travaillait à la gare de Coutras. Notre instructeur sadique, un allemand condamné de droit commun, un triangle vert, recommença à hurler : « Garde-à-vous !... Demi-tour à droite !... Droite... En avant, marche... Links zwei, drei, vier, Links... Links... » (Gauche, deux, trois, quatre, gauche... Gauche...) Le vieux monsieur, parti de la jambe droite, mit la pagaille dans les rangs. Belle occasion pour abattre une volée de coups sur ce pauvre papi et aux alentours aussi par la même occasion. Ceux qui ne sont pas coupables sont complices, donc même traitement ! Je suis dans le lot. À nouveau alignement, quelques coups pour les galoches qui dépassent, puis : « Garde-à-vous !... Demi-tour à droite, droite ! » Je dis au papi : « Attention, il faut partir du pied gauche. » La manœuvre continue. « En avant marche... » Je répète juste avant que le commandement « Links » n'éclate : « Papi, gauche. » Peine perdue, il part de la jambe droite. Le triangle vert veillait : « Halt ! » Les coups pleuvent et leur cercle s'élargit. La brute attrape alors le papi par le cou, le sort des rangs et crie : « Links... Link... Links... » Et à chaque fois il assène un coup de plus en plus violent sur la jambe gauche du malheureux papi. Puis avec sa férocité habituelle, il le repousse dans les rangs. On aide le vieil homme à reprendre sa place. Je lui glisse :

« Écoute-moi, n'écoute pas le chef.

- Et tu crois qu'à mon âge je vais apprendre à marcher au pas ? »

J'essaie de lui expliquer, ici on n'a pas le droit de désobéir, il faut donner l'impression que l'on est soumis sinon c'est la mort. Je n'ai pas le temps de poursuivre. « Alignement... » Attention aux galoches qui dépassent ! Le monstre est excité, il trouve encore l'occasion de taper une nouvelle fois pour son plus grand plaisir. « Garde-à-vous... demi-tour à droite, droite. En avant marche ! » Je répète : « On part du pied gauche. » Hélas, papi est encore parti du pied droit. À grands coups de schlague, il est sorti du rang. Il tenait à peine debout. Notre groupe a continué sa marche jusqu'à la baraque. Papi nous suivait, martelé sans arrêt de coups dans le dos et sur les jambes. Quand nous rentrons dans la baraque, il s'écroule devant la porte. On le porte sur un banc du réfectoire et il s'affaisse sur la table. La soupe, le pain… Papi ne peut pas manger, ses bras sont trop douloureux. Les deux compagnons assis à ses côtés, tentent de l'alimenter, mais lui a des difficultés à avaler. Ils l'aideront à se coucher. Le lendemain matin, il était mort… Il ne s'est jamais plaint, jamais un cri de douleur. Je pense que les coups sur la tête l'avaient mortellement sonné. Il fallut quand même qu'il soit présent à l'appel du matin. Lorsque l'appel fut terminé, les deux copains allongèrent son corps sur le sol… La charrette passera et l'emmènera au crématoire.

Les jours suivants, on arrive à satisfaire notre triangle vert pour la marche au pas et l'alignement, avec toujours les coups qui font naturellement partie du décor. Il n'en a pas été de même pour les autres exercices.

« Mûtzen… Ab ! » (Béret enlevé au commandement.) Ce n'est pas le plus difficile, mais le geste doit être rapide et le béret fortement tapé sur le genou. La synchronisation doit être parfaite, on ne doit entendre qu'un seul bruit, c'est la difficulté. Le moindre roulement met en rage notre pédagogue. Il vocifère et nous traite de tous les noms : « Untermenschen ! (Sous-hommes !), Schweinischen Franzosen ! (Cochons de Français !)… » Quelques coups sont distribués un peu partout et on recommence. Toutefois, nous arriverons en fin de journée à relativement satisfaire notre garde-chiourme. On avait fait des « Mützen… ab ! » et des « Mützen… auf ! » (Béret enlevé… Béret remis) sans discontinuer.

À la fin du deuxième jour, on devait avoir cousu les bandes portant notre numéro matricule, le triangle rouge et la lettre F, à la fois sur le côté gauche de la veste et le côté droit du pantalon. Pour ce faire, il fallait évidemment une aiguille et du fil. Le chef de block possède bien une bobine de fil et une aiguille, mais nous sommes une soixantaine à les vouloir. Il faut donc « organisieren » : chercher celui qui est en train de coudre, évaluer le nombre de ceux qui attendent encore, se faufiler pour être en bonne position et achever rapidement ses travaux de couture. Car c'est le soir même qu'il faut être à jour !

Entre les appels du matin et du soir, de nombreux exercices remplissent nos journées : en particulier, apprendre à dire son numéro matricule en allemand et à répondre dans l'instant à l'appel de notre *Nummer*. Pour ceux qui comme moi ne possèdent pas cette langue, les débuts sont difficiles. Si on met trop de temps à réagir, il y a du moins les coups pour aider à notre apprentissage et motiver notre spontanéité à répondre !

Un matin, nous sommes deux à être retenus après l'appel. Nous suivons notre chef de block qui nous montre une brouette, un balai et une pelle. Il faut nettoyer la place d'appel. Il pleut. J'ai le balai, je balaie un peu de boue et mon collègue charge la brouette. J'ai envie de rire. Ca doit se voir car mon collègue me dit : « Pourquoi tu ris ? » Je lui raconte un film avec Fernandel que j'avais vu avant la guerre, Fernandel soldat faisant une corvée semblable à la nôtre. Il faisait chaud, la cour de la caserne était en terre battue, cela soulevait beaucoup de poussière. Un gradé en passant, est pris dans le nuage. Très mécontent, il prend à parti Fernandel qui lui explique : « On a reçu l'ordre de balayer. » Le gradé répond alors sur un ton de commandement : « Balayez à vide ! » Alors Fernandel très sérieusement se met en devoir de « balayer à vide ». Avec conviction, il adopte le geste noble du balayeur tout en maintenant les brins du balai dix centimètres au-dessus du sol.

Nous n'avions apparemment pas de gardien pour nous surveiller, mais nous étions toujours sous le regard des S.S. du premier étage de la porte d'entrée. Tout en continuant notre travail, balayant… un peu à vide, on s'est payé une bosse de rire et ça nous a fait du bien !

02/43 : Au Baukommando de Heinkel

Cela fait près de dix-sept jours que nous sommes en quarantaine. Le 12 février, on nous réunit sur la place d'appel pour passer un nouveau contrôle. Nous devons décliner en allemand notre numéro matricule et notre qualification professionnelle. En France, je portais les télégrammes, je réponds : « Télégraphiste. » Le scribe me regarde bouche bée. Avec un doigt, je tapote sur la table quelques signaux de morse. Il me regarde à nouveau ébahi et me dit, l'air admiratif : « Morse ! » Je lui réponds : « Ja. » Je devenais l'homme qu'il fallait pour travailler dans une usine de fabrication d'avions ! Il s'agit de l'usine Heinkel. Immédiatement, avec la délicatesse habituelle des S.S., nous sommes nombreux à être embarqués dans des camions et à partir vers notre nouvelle destination.

À notre arrivée, une lourde angoisse pesait sur le site de l'usine-camp de concentration Heinkel. C'était une immense étendue au milieu de laquelle s'élevaient sept énormes hangars, les Hallen, numérotés de deux à huit. Aucun ouvrier civil allemand. Ils avaient vraisemblablement été tous mobilisés. Nous étions en février 1943, la bataille de Stalingrad faisait rage, l'hécatombe de soldats allemands devait être importante et l'envoi de troupes fraîches s'imposait… Ici, tout paraissait sinistre. Les cuisines, elles aussi étaient vides.

Avant de nous affecter à nos divers commandos, un *Prominent* demanda par l'intermédiaire d'un interprète s'il y avait des cuisiniers parmi nous. Alfred Rey, un cuisinier professionnel de la région parisienne, lève la main et dit aussitôt à son copain de résistance Raymond Lesieur de faire de même. Deux camarades des Landes, André Forvielle dit Kamel et Maurice Desbieys se proposent aussi. José Carrabassa, ancien combattant de la République espagnole se joint à eux. Les cinq sont sortis des rangs et dirigés vers les cuisines. J'apprendrai plus tard qu'ils s'étaient connus à Compiègne et qu'ils étaient tous membres de l'organisation clandestine du camp. Ils nous rendront durant des mois les plus précieux services.

En arrivant à Heinkel, je ne sais comment a été transcrit ou interprété le mot « télégraphiste ». Toujours est-il que je fus affecté au plus redoutable des commandos de Heinkel : le Baukommando, chargé de très pénibles travaux de terrassement dans la pluie, le vent et le froid.

Un *Vorarbeiter*, un gardien condamné de droit commun, s'approche de notre groupe. Il nous fait mettre en rangs et il nous conduit vers un baraquement, extérieurement assez semblable à ceux de Sachso. Il marche devant nous et donne la cadence : « Links... Links... Links... » Sans surprise, nous découvrons notre nouvelle habitation. En fait, les baraques de bois de Heinkel sont plus petites que celles du grand camp. Elles n'ont que deux pièces : un réfectoire et un dortoir. Là, le triangle vert nous désigne une rangée de châlits à trois étages où nous devrons dormir au moins à deux à chaque niveau. Nous sommes environ une trentaine. À peine le temps de repérer les lieux qu'éclate un guttural « Antreten ! » (Rassemblement !). On commence à avoir la cadence, en quelques minutes nous sommes dehors. Pour nous mettre en rangs par cinq, ce fut plus long. C'était notre premier rassemblement, personne n'avait pu encore y repérer sa place. Par la suite, notre *Vorarbeiter* choisira cinq d'entre nous qui devront être les têtes de ligne, les autres s'aligneront derrière eux le plus vite possible. On connaît le tarif, le Vorarbeiter a toujours la schlague à la main !

Toujours au pas cadencé, nous partons, supposons-nous, vers notre lieu de travail. Nous arrivons sur un terre-plein. Sur ordre, cinq détenus sont désignés. On leur confie un mètre pliant, une pelote de ficelle et des petits piquets. Ils doivent tracer sur le sol un vaste rectangle. Cela nous procure un temps de répit toujours agréable. Je remarque que, dans notre groupe, je suis un des plus jeunes... en âge, mais certainement pas en mois de détention ! Le détenu qui est à mes côtés, me glisse : « Tu es du bâtiment ? » Je lui fais signe que non. Il murmure alors d'un ton résolu : « Reste à côté de moi. »

«Arbeiten ! » (Au travail !) crie le *Vorarbeiter*. Deux par deux, nous nous dirigeons vers un tas de pelles, de pioches et de brouettes. Mon nouveau copain me donne la pelle, prend la pioche et la pose dans la brouette. Puis saisissant les deux bras de l'engin, il me dit : « On y va ». Un *Vorarbeiter* nous indique l'endroit où nous devons travailler. Mon copain nullement impressionné me dit : « T'inquiète pas, il faut faire une tranchée, c'est toujours par là qu'on commence pour construire. » Avec un geste horizontal des deux mains, il demande : « C'est comme ça en profondeur ? » Puis, les mains à la verticale : « Comme ça en largeur ? » Le gardien confirme avec les mêmes gestes. Le copain se tourne vers moi : « On va lui montrer qu'on sait faire et après il nous foutra la paix. » Avec dextérité et précision, à petits coups de pioche, il délimite l'endroit que nous devons creuser. « Regarde-moi, je prends le manche le plus près de la pioche, la main droite, le plus loin possible. » Je le regarde, la moitié du manche repose sur sa jambe, au-dessus du genou, il s'en sert comme d'un balancier. Une pression sur le bout du manche, la pioche se lève accompagnée par la main gauche et se dresse au-dessus de son épaule. Sa main gauche glisse alors le long du manche pour rejoindre la droite et avec un « Han! » donnant l'impression qu'il fait un gros effort, il abat la pioche juste sur le trait qu'il a tracé. Le *Vorarbeiter* resté à quelques mètres de là pour mieux nous observer, s'approche, lui tape sur l'épaule et lui dit: « Guten arbeiter! » (Bons ouvriers!) Puis il s'éloigne vers d'autres groupes. Jacques, c'est le prénom de mon mentor, se retourne vers moi et me fait alors un grand clin d'œil complice et amusé.

Ce fut pour moi une expérience capitale pour la suite. J'appris que si l'on voulait pouvoir tenir, il fallait toujours donner l'impression d'être un travailleur sérieux et appliqué, tout en ménageant ses forces.

Je pris la pelle en m'essayant à faire comme Jacques: garnir sans trop la pelle, faire jouer le balancier et sur la lancée, envoyer la motte de terre dans la brouette. Mon compagnon me fit une recommandation importante: « Bloque tes abdominaux pour protéger ta colonne vertébrale, c'est le plus gros inconvénient de ce travail comme de beaucoup d'autres… »

Il y avait un autre inconvénient contre lequel on ne pouvait rien: la météo. À ce moment-là, il faisait très froid, le dessus de la terre était gelé. Combien de degrés en dessous de zéro? Je ne me serais pas risqué à donner un chiffre. Mais le bouche-à-oreille fonctionnait déjà. Il nous parvient du groupe d'à côté: « Le Vorarbeiter a dit qu'il fait en dessous de moins dix. » Le froid nous taraude les pieds, les semelles de bois nous isolent un peu. Mais les mains, elles deviennent violettes! Quant au corps!... En travaillant, on s'échauffe un peu, mais est-ce vraiment plus tenable?

Le soir arrive. Éreintés, nous regagnons le camp. Dans la baraque, pas de WC, simplement à l'extérieur une tinette qu'une corvée devra vider régulièrement. Pas de lavabo non plus. Au milieu du camp, une petite baraque servira à cet effet pour tous les détenus. Une étroite et longue cuvette la traverse, surmontée d'une série de robinets d'où l'eau coule uniquement à l'heure de la toilette. Tous les détenus doivent s'y rendre torse nu sous peine d'une correction sévère et immédiate. En plein hiver, avec une eau glacée, nos ablutions ne durent guère: un peu d'eau au creux des mains pour se frotter le visage, quelques giclées sur le corps tressaillant sous le froid… et la toilette est terminée. On se précipite pour regagner notre baraque afin de se réchauffer du mieux que l'on peut!

Au bout de deux jours, nous sommes à peu près rodés pour l'alignement. Dès que l'appel matinal d'environ une heure est achevé, la colonne part pour le chantier. Après avoir récupéré la brouette, la pelle et la pioche, Jacques et moi jetons un coup d'œil sur les tranchées creusées par les autres détenus. La différence est évidente. Les deux côtés de notre tranchée sont verticaux et son fond aussi large que son ouverture. Chez nos voisins, les côtés s'enfoncent en V et dans le fond de leurs tranchées, il ne reste place que pour poser deux sabots côte à côte. Par contre, leur tranchée est plus longue que la nôtre. Que faut-il faire? Aller vite et mal faire ou bien faire et mettre plus de temps? Jacques réfléchit: « S'il s'agissait de construire un immeuble de cinq étages, il ne tiendrait pas longtemps, s'il s'agit de construire une baraque en bois, ça n'a pas d'importance. Tout dépendra de l'opinion du contrôleur. S'il est du métier, il appréciera le travail bien fait si non, il privilégiera la rapidité. » Dilemme!

D'un autre côté, il faut veiller à ce qu'il n'y ait pas trop d'écart dans l'avancée du creusement entre les copains et nous, sinon on pourrait se faire rappeler à l'ordre. Le mot sabotage est vite prononcé et la sanction immédiate. Mais inversement, on peut également mettre en danger les autres équipes, elles aussi peuvent être accusées de sabotage en raison de la médiocrité de leur travail. Prudence! Dorénavant, on veillera à ne pas être trop en arrière.

Les jours passent. Notre vigilance s'est accrue. On travaille toujours sérieusement avec un rythme un peu plus soutenu. Lorsque l'on va à tour de rôle vider la brouette avant qu'elle ne soit trop pleine, on observe l'avancement du creusement des tranchées des copains, ce qui nous permet d'ajuster notre rythme de travail.

Depuis trois jours nous sommes trempés. Le froid nous paraît agréable maintenant qu'il pleut, mais le plus dramatique, c'est la pluie conjuguée au froid. Il n'est pas question d'interrompre le travail et on est vite trempé. « Le froid vous pénètre jusqu'aux os. » En France, j'ai souvent entendu cette expression et je l'accueillais toujours dans un demi-sourire. Aujourd'hui, je sais et je ne ris plus. Quand il fait froid, on peut remuer les épaules alors qu'avec la pluie, rien n'est possible. Certes le soir on peut retirer la veste, mais ça ne change rien, la chemise est mouillée. Enlever la chemise en entrant au réfectoire, impossible! Dans ce lieu de la mort lente, ce serait prendre trop de liberté aux yeux de nos gardiens. Pas question non plus d'étendre sa chemise sur sa paillasse le soir, on ne la retrouverait pas le lendemain. On peut la glisser sous la tête en guise d'oreiller. Mais le matin, elle est encore totalement humide et par endroit franchement mouillée. Que c'est désagréable, au lever, lorsque le corps n'est pas très froid, d'enfiler une telle chemise! J'ai trouvé alors une astuce très vite imitée. Je glisse les manches de la chemise et de la veste sous la paillasse et je laisse pendre leurs pans le long du lit. J'espérais que si un amateur se hasardait à vouloir les prendre, je serais vite réveillé.

Ainsi vont les journées où, dès le petit jour, le premier regard est pour le ciel. Et commencent les hypothèses qui alimentent les conversations: « Il fait moins froid!... Tu trouves! Tu vas voir le vent glacé! Il y a des nuages, ça va se radoucir!... J'ai déjà les pieds glacés, leur soi-disant café était dégueulasse, il était à peine chaud. Tu as vu les sous-fifres, ils se sont servis les premiers tant qu'il était chaud... Chez moi, c'est moi qui fais le café, il est excellent, avec une bonne tartine de pain grillé bien beurrée, je te dis pas!...» « Antreten! » Rassemblement! C'est la fin du rêve.

Voilà bientôt trois semaines que je suis dans ce commando, je commence à ressentir la fatigue. Je ne suis pas le seul, certains copains sont dans un triste état. La pluie, le froid, le manque de nourriture, les travaux harassants qui vous cassent les reins, tout cela brise les organismes. Heureusement qu'avec Jacques je réduis mes efforts, il veille sur moi. Il va plus souvent qu'à son tour vider la brouette. Si j'essaie de lui en faire la remarque, il me rétorque: « Mais je sais mieux apprécier que toi l'avancée des tranchées des autres. » Chaque soir, lorsque le contrôleur mesure les mètres de tranchée effectués, il regarde et opine: « Gut! », il préfère le travail bien fait. C'est notre chance mais il ne faut pas trop tirer sur la corde.

Un soir, le *Blockhältester*, le chef de block nous annonça: « Vous avez l'autorisation d'écrire une lettre à vos familles. » Effervescence dans la baraque. « Vous écrivez votre lettre en allemand. » Court silence de désappointement. Et chacun se précipite vers les deux ou trois détenus qui pratiquent la langue de Goethe. Le *Stubendienst* distribue la feuille réglementaire sur laquelle nous devons rédiger notre message. La tâche de nos linguistes ne sera pas bien lourde, l'espace qui nous est réservé pour écrire, n'excède pas trois ou quatre lignes. Comme bien des détenus, je n'ai fait traduire qu'un message laconique, du genre: « Je vais bien. J'espère rentrer bientôt. Je vous embrasse. »

Durant toute la durée de mon séjour à Heinkel, nous n'avons eu que deux fois l'autorisation d'écrire, et dans le même temps nous n'avons jamais reçu le moindre courrier. Cela affectait sans doute notre moral, bien que la fatigue, la sous-alimentation et la peur mettent sous le boisseau l'expression des sentiments et annihilent toute pulsion. Seuls, chefs et garçons de block, mieux nourris et moins maltraités, conservaient (si l'on peut dire!) un semblant de vie normale. Ils « bénéficiaient » exceptionnellement d'un bon de sortie pour fréquenter le bordel organisé par les S.S. qui y prostituaient des femmes déportées, à moins qu'ils ne se contentent d'un petit ami choisi dans une baraque.

03/43 : Le hall 3 de Heinkel

Environ un mois plus tard, à la fin de l'appel, j'entends crier mon numéro matricule. Immédiatement je réponds : « Jawohl » (Présent.) Je sors des rangs plus qu'inquiet. Sans me donner la moindre explication, un triangle rouge polonais m'intime l'ordre de le suivre : « Komm hier ! » (Viens ici !). Il me dirige vers la colonne en partance pour le Hall 3. Aujourd'hui encore je pense que ce transfert vers un commando moins dur était dû à l'intervention de la résistance clandestine.

Au pas cadencé, nous arrivons au Hall 3. Sa large porte en fer est ouverte, nous entrons, les derniers de la colonne se chargent de refermer le hangar. Le *Vorarbeiter* commande à chacun de rejoindre son travail et me fait signe de le suivre jusqu'à un petit établi situé près de l'entrée. Un civil allemand en bleu de travail m'y attendait. Je le salue. L'homme me répond par un léger mouvement de tête et me montre mon poste de travail : un grand établi équipé d'un gros étau et d'un large tiroir où sont rangés les outils. Puis il m'indique un lourd châssis métallique qu'il convient de sceller au sol. Avec force gestes, il m'explique qu'il faut faire dans le ciment quatre trous pour y fixer les quatre pattes de cinq centimètres environ qui supportent la pièce. Près de nous, se tient un jeune détenu russe (R à côté d'un triangle rouge) qui suit les explications. Ce sera mon compagnon de travail. Le civil trace sur le ciment un carré autour des quatre pattes du châssis qu'il nous fait ensuite enlever. Au travail ! Munis d'un burin et d'un marteau, le jeune russe et moi attaquons chacun notre trou. Le ciment est très coriace, de bonne qualité. Après une longue série de coups de marteau, mon trou n'est pas droit, ses côtés s'en vont en biais comme pour la tranchée. Je repense à la démonstration de Jacques. Il ne faut pas que je tienne mon burin vertical mais penché vers le côté à buriner. Effectivement, ainsi je réussis un travail propre.

Mon petit voisin a déjà fini son trou, il passe au suivant. Moi je continue au même rythme et avec la même application. Le civil allemand arrive. Il examine mon travail et demande au Russe de venir le voir pour en prendre de la graine. Puis, dans une gesticulation plutôt confuse des mains, il lui explique comment s'y prendre. À une dizaine de mètres de là, monté sur une espèce de tribune, le *Meister*, le contremaître en blouse marron avec au bras gauche un brassard rouge sur lequel est dessinée une croix gammée blanche, regarde, impassible. Nous reprenons notre tâche.

Le soir, une agréable surprise m'attend. Lorsque la sirène sonne la fin du travail, je vois arriver au rassemblement devant la porte, avant de partir pour l'appel, Bébert, mon copain Bébert. Jusqu'au retour à Paris, il veillera sur moi comme sur son fils.

On se met côte à côte dans la colonne, mais il est difficile de converser. Toutefois, Bébert me glisse : « On a constitué l'organisation clandestine. » Puis à nouveau l'appel, cet éprouvant rituel quotidien : matin et soir, appel à la durée toujours variable. Le *Vorarbeiter* m'informe que la colonne quatre du Hall 3, à laquelle désormais je suis affecté, loge sous sa garde dans une baraque proche. Je comprends ainsi que je resterai avec Bébert. Un peu de baume au cœur pour cette journée. Je ne suis pas mouillé, je n'ai pas froid, je ne suis plus seul. C'est le paradis !

À table, on arrive après quelques coups de coude, à se retrouver côte à côte. La soupe, c'est le moment le plus calme, on n'entend plus que le bruit des cuillères dans les gamelles. Bébert le premier s'inquiète de savoir comment j'ai passé ces quatre ou cinq dernières semaines. Je raconte tout jusqu'à ma rencontre avec Jacques et ses bons conseils qui m'ont déjà servi ce matin. Mais bien entendu, je brûle de savoir comment va être pris en compte mon désir de rejoindre l'organisation clandestine. Il me rassure et m'informe que, dès demain, il prendra contact avec le responsable politique du Hall 3. J'appris par la suite qu'ils étaient dans le même groupe de résistance à Paris. « Pour l'instant, tu regardes autour de toi, tu essaies de connaître les Français de la colonne. Au travail même chose, tu regardes, tu cherches à comprendre l'objectif du travail qui est effectué dans les autres équipes… Sais-tu que tu peux demander à aller aux waters. Le Vorarbeiter polonais, n'est pas trop mal, tu lui demandes : « Bitte schön, ich will Abort, das ist möglich ? » - S'il vous plaît, c'est possible d'aller aux cabinets ? - S'il te dit oui, tu réponds : « Danke schön. » Tu verras vers le milieu du Hall, il y a à gauche une porte, en face, un grand bâtiment qui devait servir de réfectoire aux civils allemands, toujours en face une grande porte, c'est là que sont les W-C. L'avantage de ce petit circuit c'est d'abord que tu peux te soulager, mais surtout que durant le chemin tu peux discrètement observer. On a besoin de savoir pour chaque groupe de travail quelles pièces sont usinées et si possible dans quelle partie de l'avion elles iront. On doit connaître ce qui intéresse les Allemands dans ce que l'on fait… et ce que nous, on peut y faire… Tu m'as compris ! »

Le lendemain matin, le rituel : lever en vitesse, toilette à la course, ersatz de café et appel, toujours l'appel ! Arrivé dans le Hall, je rejoins mon établi. Le civil allemand vient à moi et me présente un plan et quelques bouts de tube. Il me fait comprendre que je dois les ajuster selon le plan et les faire souder à l'atelier de soudure…

Le *Meister* est toujours là sur sa tribune, impassible, il regarde. À quoi pense-t-il toute la journée, ce haut cadre nazi, immobile et triste ? Alors j'imagine… Il doit avoir la quarantaine, il est certainement marié. Ses deux ou trois enfants doivent avoir entre dix et dix-huit ans. Ils sont vraisemblablement dans les Jeunesses hitlériennes étant donné le grade de leur père dans la hiérarchie nazie… Peut-être l'aîné est-il sur le front et le second impatient de s'y engager… Mais le front, où est-il ? Nous savons que la déroute s'amorce après l'impossibilité de prendre Stalingrad… Et lui, figé sur son perchoir, est-il en instance d'être mobilisé ? Les bombardements se multiplient, où en est son quartier ? Sa maison, son épouse, ses enfants ?... Le voilà qui sort de sa serviette une boîte en aluminium en forme de tranche de pain… Ce doit être une production parallèle des ateliers, « de la perruque » comme on dit… Il mange son sandwich. Mais qu'y a-t-il entre les deux tranches, ce n'est pas très épais ? Ça ne lui procure guère de plaisir, il reste toujours aussi morose et inquiet. Va savoir ?...

Pendant que je l'observe, je m'applique, très sérieux moi aussi, muni d'une scie à métaux, d'une lime et d'un compas à ajuster, à contrôler le tout avec beaucoup de minutie. Le civil en bleu n'est plus là. J'appelle le *Vorarbeiter* et lui montrant mes pièces, je lui demande : « Wo ist… autogène ? » (Où est… la soudure ?) Il me fait signe de le suivre. Tout en cheminant, j'applique les consignes de Bébert. Un coup d'œil à droite, un coup d'œil à gauche. Tiens là, ils sont armés d'un pistolet à air comprimé. Ils rivent des pièces en duralumin… Qui vois-je ? Bébert. Lui, penché sur son établi, ne me voit pas et je passe ma route.

Le soir, il me racontera que le jeune Polonais qui fait équipe avec lui est l'ami du *Vorarbeiter*. Au contrôle des pièces, des rivets étaient fixés de travers. Le jeune protégé indiqua que la pièce en question était bien celle de Bébert qui reçut de la part du *Vorarbeiter* une volée de gifles bien sentie. Le nez en sang, Bébert refusa d'aller se laver et se remit au travail…

J'arrive à l'atelier de soudure, mon guide me montre un soudeur et me dit : « Franzose. » Je m'adresse au détenu :

«Tu es Français?
- Ouais.
- Avec ton accent, tu es de Bordeaux!
- Ouais... »

Nous nous présentons: « Georges Durou... Raymond Fétiveau... » Raymond me fait asseoir à côté de lui après avoir dégagé quelques pièces et nous bavardons. J'apprends que l'on peut tranquillement s'arrêter de travailler car il a mis le civil allemand dans sa poche. Il raconte: « Lorsque je suis arrivé, le civil comme le Vorarbeiter, un triangle vert, doutaient de ma capacité à souder. J'ai choisi deux morceaux de duralumin, je les ai mis côte à côte et je les ai levés au-dessus de ma tête. Puis j'ai pris une baguette de soudure et j'ai soudé les deux plaques par en dessous pour prouver mon savoir-faire. Comme les deux Allemands regardaient mon travail, j'ai tendu au civil le chalumeau: « A vous. » Il a marmonné: « Nein, ist gut. » (Non, c'est bon.) Si tu avais vu la tête du Vorarbeiter! Il croyait me coincer... Les gars à l'entour m'ont dit que c'était lui qui était allé chercher le civil pour me confondre... »

Je montre alors à Raymond le travail que j'attends de lui, il me répond: « Laisse, on a le temps! » On a parlé de Bordeaux, de l'A.I.A. (Atelier Industriel de l'Air) où il était soudeur sur le duralumin, et de Bègles. Il considérait que la ville était révolutionnaire! Je restais prudemment sur mes gardes.

Pendant quelques mois, j'ai eu fréquemment l'occasion de revenir à l'atelier de soudure. Il y avait là une équipe formidable pour « organisieren ». Par exemple, des jeunes Russes avaient récupéré un tuyau en fer d'une dizaine de centimètres de diamètre. Ils « organisaient » des pommes de terre, les glissaient dans le tuyau et de temps en temps, un copain, avec son chalumeau chauffait le tuyau. La cuisson arrivée à point, il se dégageait dans l'atelier, une agréable odeur de cuisine; tous avaient le nez en l'air pour en profiter. Heureusement, la sécurité était aussi bien organisée, et en cas de visite, d'un seul élan tous les gars plongeaient le nez dans leur travail. Le *Vorarbeiter* passait en reniflant d'un air soupçonneux et ne comprenait rien. En quelques minutes, tous les participants recevaient leur part de pommes de terre bien chaudes qu'ils enfouissaient dans la poche de leur pantalon. À tour de rôle, ils allaient aux « Abort » se régaler.

Les pommes de terre étaient conservées dans des silos en terre. Quand on nous les servait au réfectoire, elles n'étaient pas nettoyées et restaient enrobées de boue. Malgré cela, il y en avait beaucoup qui ne les pelaient pas, ils mangeaient même les épluchures qui restaient dans le fond des gamelles.

Un soir, Bébert revient rayonnant: « C'est au point, il y aura deux triangles pour le Hall 3. Le nôtre est composé d'André Darnaudet, toi et moi. Personnellement, je suis chargé du contact avec l'autre groupe. » Depuis le camp de Mérignac, je connaissais la structuration de l'organisation secrète: trois hommes - le triangle - agissent de concert, l'un d'entre eux est en relation avec une seule personne du triangle supérieur et ainsi de suite jusqu'au sommet de l'organisation. On ne pose pas de questions sur l'autre triangle, ce n'est pas notre affaire. La meilleure sécurité est d'en connaître le moins possible en cas d'arrestation. Si on ne sait rien, même sous la torture, on ne peut rien dire.

Dans quelques jours, nous recevrons des consignes plus précises sur ce que nous aurons à faire. Mais en tout état de cause, notre triangle devra assumer dans l'immédiat trois sortes de responsabilité: la diffusion des informations en particulier celles touchant à l'évolution des fronts Est et Ouest, le sabotage et la solidarité dont je suis plus précisément chargé.

Le lendemain matin, le civil en bleu de travail me glisse à l'oreille: « Kriegscheisse! » (Guerre de merde!) Je ne le reverrai plus, vraisemblablement il a été mobilisé. On nous apporte deux coupoles en fonte de cinquante à soixante centimètres de diamètre que nous posons sur notre châssis solidement fixé par le ciment séché. L'une des coupoles est légèrement plus étroite que l'autre; cette dernière est percée en son centre, d'un hublot en verre très épais. Les coupoles doivent s'encastrer sur deux axes de manière à pouvoir pivoter de haut en bas et de droite à gauche. En fait, elles constituent l'essentiel de la tourelle du mitrailleur, installée à la queue des bombardiers He-177. L'homme allongé de tout son long dans l'étroit fuselage de l'appareil, passe son arme par une ouverture de la coupole supérieure et observe le ciel par le hublot.

C'est donc à nous de percer les coupoles et de fixer les axes à l'aide d'une grosse perceuse et d'un foret spécial à bout de tungstène. Après avoir étudié le plan, plus longtemps que nécessaire, on se met au travail. La perceuse est lourde. Peter, le jeune Russe, qui a traduit son prénom en allemand et que tout le monde appelle ainsi, a décidé de tenir l'engin. Par la suite, nous calerons la perceuse avec un serre-joint, ce qui allégera la peine de mon compagnon.

Lorsque l'on se retrouve nos deux têtes dans la coupole, je laisse la perceuse tourner à vide et j'entonne pour mon partenaire le *Chant des partisans russes* de 1917. Il le connaît aussi très bien. Alors, tous deux, nous chantonnons, lui en russe et moi en français. Plus tard, je chanterai avec lui quelques couplets en russe ainsi que *l'Hymne soviétique.*

Très (trop) souvent, nous cassions la mèche, ce qui nous obligeait à aller au magasin où l'on commençait à nous regarder de travers. La pièce achevée, il restait à graisser les genoux des coupoles permettant leur mouvement rotatif en tous sens. Nous disposions d'une pompe à graisse à main pour projeter le lubrifiant dans les articulations avant de fixer la rotule sphérique. Ce graissage est une opération à laquelle nous ne nous sommes jamais livrés. Nous avons méthodiquement répandu la graisse sur les parties externes, les seules visibles au contrôle, en espérant que les articulations humectées de salive ne tarderaient pas à gripper et à rendre notre travail inutilisable.

Un petit orchestre de détenus était notamment chargé d'accompagner certains jours le cérémonial de l'appel. Un jeune Polonais de notre baraque en était membre. Il était accordéoniste et sortait souvent répéter dans une baraque voisine. Par tous les temps, avec ou sans musique, que l'on soit au garde-à-vous ou dans la position militaire du repos, se tenir chaque jour quelques heures durant, debout et immobile était toujours une épreuve. À cela s'ajoutait l'attente angoissée de ce que les S.S. pouvaient nous réserver à l'appel du soir.

Régulièrement, nous étions attaqués par les punaises et les poux qui pullulaient dans nos paillasses. Leur prolifération augmentait les risques d'une épidémie de typhus. Les règles d'hygiène édictées par les nazis étaient pourtant très claires: une douche hebdomadaire et deux à trois désinfections par semaine. Dans notre baraque, nous n'avons jamais connu la douche régulière. Quant aux deux seules séances de désinfection, elles prirent un tour à la fois grotesque et humiliant. Devant le *Vorarbeiter* doctoralement assis, chaque détenu devait monter sur un tabouret, confier sa chemise au *Stubendienst* pour vérification et baisser son pantalon afin que le chef puisse procéder à un examen minutieux des parties pileuses. Lente ou pou, la première découverte était saluée d'un retentissant: « Ein Laus! » (Un pou!) et, pour une fois, le détenu en costume d'Adam pouvait courir à la douche. La vanité de cette méthode n'échappa à personne. Dorénavant, on nous laissa nous épouiller nous-mêmes, ce que nous n'avions jamais cessé de faire.

Solidarité

Le dimanche après-midi arrive. Bébert nous apprend que le responsable clandestin de Heinkel a convaincu les cuisiniers de mettre chaque jour de côté une tranche de pain qui nous sera confiée pour la solidarité. Nous donnerons pendant une semaine à un Français défaillant, que l'on devra choisir, cette tranche de pain quotidienne. L'opération démarre dès lundi. Bébert me donne confidentiellement l'heure et le lieu précis où je dois chaque soir récupérer la tranche de pain. En outre, il attire mon attention sur les mesures de sécurité à prendre. Elles relèvent en effet de ma responsabilité car la manœuvre est dangereuse. Être pris en possession de cette tranche de pain entraînerait des questions, et des questions auxquelles je ne devrais pas répondre… À moi de ne pas me faire prendre, de respecter les consignes de sécurité et d'être inventif.

Je pars aussitôt repérer l'endroit, l'angle d'une baraque, où je dois rencontrer le copain qui me portera la tranche de pain, dès le lendemain soir et les jours suivants. Je m'y rends seul, mes camarades n'avaient pas besoin de connaître ce lieu tout comme je devais ignorer où André Darnaudet réceptionnait chaque soir les communiqués.

De retour auprès de mes camarades, je posais la question : comment s'y prendre pour désigner le bénéficiaire de la tranche de pain ? Après discussion, nous décidons de la pratique suivante : durant la semaine de travail, nous observerons nos copains français pour évaluer si leur santé se dégrade, s'ils ont plus de difficultés à marcher, si leur moral se maintient ou pas. Le niveau du moral est un indice très fort et souvent précurseur. Malgré notre peu d'expérience dans ce domaine, il nous était vite apparu qu'une chute de moral précédait le plus souvent un affaiblissement physique grave et l'éclosion des maladies. Aussi, nous avons jugé utile d'attendre notre prochaine rencontre, pour prendre une décision étayée par nos observations de la semaine. Sur ce, nous nous sommes séparés.

Précisément dans cette semaine, un appel dura presque trois heures. Nous en aurons quelques dizaines de cette nature durant notre séjour. Le premier comptage ne tombait pas juste, il manquait quelqu'un. Nouveau comptage et même résultat. Au signal, comme une volée de moineaux, les *Vorarbeiter* se sont précipités pour fouiller les baraques. La plupart du temps, il s'agit d'un gars seul qui n'a plus la force de se traîner jusqu'à la place d'appel. Mort ou agonisant, les *Vorarbeiter* le ramèneront sur la place pour qu'enfin le comptage soit juste.

Ma préoccupation quotidienne était d'observer les triangles rouges avec un F pour chercher à me rendre compte si, chez l'un ou l'autre, je repérais des signes d'affaiblissement, si par un banal échange « Ça va?... ça va?... », je décelais un changement dans leur intonation. Au bout de quelque temps, nos collègues russes nous apostrophaient d'un retentissant « çavaçava ! » pastichant gentiment nos laconiques entretiens.

Le moment le plus délicat et toujours douloureux était le dimanche soir lorsque nous nous réunissions pour faire le point. Chacun avait son idée. Moi j'avais repéré deux copains qui étaient vraiment mal; Henri en connaissait un qui avait le moral très bas et qui parlait même de se jeter dans les fils barbelés électrifiés pour en finir plus vite. Bébert enfin avait aussi les siens. Il fallait discuter cas par cas, puis commencer à éliminer et ensuite choisir. Mais il en restait toujours deux ou trois, pour lesquels on considérait qu'il était indispensable d'agir. Or nous n'avions qu'une seule tranche de pain à offrir. Sur quel critère choisir ? Nous n'avions aucune connaissance pour apprécier avec un minimum d'objectivité de telles situations. Nous n'étions ni médecin ni psychiatre. On aurait pu se contenter de tirer au sort et selon le résultat dire : « C'est le hasard... ou la fatalité ! ». Mais nous ne voulions pas nous défausser de notre responsabilité, alors on choisissait. Ceux qui auraient pu nous observer, en auraient peut-être conclu : c'est un débat de marchands de tapis. Non, il s'agissait de tenter de sauver une vie, d'apporter un peu de chaleur humaine ou tout simplement un peu d'espoir.

Mon plus grand réconfort était de lire la vive émotion teintée d'étonnement dans le regard de celui à qui j'expliquais, en sortant la tranche de pain, l'effort de solidarité accompli par les copains qui considéraient que nous étions tous frères, tous dans la même galère. « Si nous voulons en finir avec le pouvoir fasciste, raciste, avec la domination des plus forts ou des plus riches, avec l'exploitation impitoyable de ceux que nos bourreaux considèrent comme inférieurs, si nous voulons développer une société plus égalitaire, plus juste dans la répartition des richesses, il faut s'unir... Être solidaires les uns des autres... Si nous voulons sortir de cet enfer le plus grand nombre possible, il faut s'entraider. C'est la raison de cette tranche de pain que je te porterai, tous les soirs, durant une semaine. Mais surtout ne me pose pas de questions, mange cette tranche de pain en cachette, personne ne doit le savoir. »

Les jours suivants, lorsqu'il m'arrivait de passer dans le secteur du copain, je percevais un petit sourire en coin sur son visage marqué. Le moral était peut-être en train de revenir !

Pendant des semaines, j'ai accompli la même démarche. Elle faisait oublier pour un instant, le froid, les brimades, la faim, la pluie, la fatigue, qui nous touchaient tous. Pour un instant seulement, mais que faire de plus ?...

Puis un soir, Pierre Gouffault, Pierrot, fut parmi les quatre que nous avions sélectionnés après de nombreuses réflexions. Nous avions décelé chez lui un moral en baisse, mais qui ne demandait qu'une branche pour s'accrocher... Je n'oublierai jamais le regard de Pierrot, lorsque le lundi soir, je lui apportai sa première tranche de pain... Oui c'était l'espoir... la vie que je lui apportai. Durant cette semaine, nous avons pu constater le rétablissement rapide de Pierrot, son moral à nouveau rayonnant... Il était sauvé...

Mais je dois immédiatement présenter mes excuses pour une faute de sécurité qui aurait pu entraîner une catastrophe. En effet, quelque temps plus tard, Pierrot nous a sollicités afin de faire partie de l'organisation clandestine. Nous lui avons demandé, comme c'était l'usage dans la légalité, mais hélas nous n'étions plus dans ce cadre, de nous communiquer par écrit sa biographie. Pour cela, nous avions même réussi à « organiser » papier et crayon. Quelle imprudence !...Il aurait suffit que le manuscrit tombe entre les mains d'un *Vorarbeiter* ou d'un quelconque mouchard pour que Pierrot, moi peut-être et d'autres sans doute, subissions la torture ou pire !... Heureusement, le document était parvenu sans encombre jusqu'à Charles Désirat, le responsable politique de Heinkel, qui l'a immédiatement détruit.

Nous avons vite compris que, derrière le détenu affaibli que nous avions aidé à vivre, se cachait un homme habité du sens profond de ses responsabilités. Avec la F.N.D.I.R.P.[9] et l'Amicale, Pierrot n'a eu de cesse de défendre nos droits et de faire que le camp de Sachso ne soit pas sacrifié et reste le témoin indiscutable de la barbarie nazie.

Cette barbarie, j'éprouve toujours beaucoup de réticence et de répugnance à l'évoquer. À Sachsenhausen, j'en ai été le témoin forcé et impuissant.

9 FNDIRP : Fédération nationale des Déportés, Internés et Résistants Patriotes. L'amicale est l'Amicale française d'Oranienburg-Sachsenhausen.

Malgré moi, elle fait partie de ma vie et m'épouvante encore. Comment trouver les mots justes pour évoquer les rituels sadiques que les nazis mettaient en scène ? Comment faire comprenne l'ignominie de ces pratiques et mesurer le poids de douleurs qu'elles impliquent ?

Un soir, nous étions rassemblés pour l'appel. Au centre de la place, afin que nous puissions tous profiter du spectacle, le *Bock*, une espèce de chevalet en bois, est installé. À ses côtés, se tiennent deux hommes : un détenu en triste état, comme s'il venait de recevoir une raclée magistrale, et un costaud, un triangle vert, tenant dans sa main droite un gros nerf de bœuf. L'appel se déroule normalement. Les S.S. semblent néanmoins pressés, il doit leur tarder de jouir du spectacle annoncé. Le *Rapportführer* commande : « Rühren ! » (Repos !) Le détenu doit maintenant enlever son pantalon et son caleçon ainsi que sa veste. Il reste en chemise et celle-ci est remontée jusqu'au cou. Il doit alors se courber, le ventre sur le chevalet, les bras pendants en avant et les fesses et le dos bien en vue. Puis, on lui attache les bras et les chevilles. Le bourreau s'approche alors du chevalet, tenant haut sa tête qu'il tourne à droite et à gauche comme un acteur se faisant admirer avant la représentation. Un pas en arrière, il lève lentement et le plus haut possible, le nerf de bœuf qu'il tient à deux mains. Et dans un cri sourd qui marque bien son effort, il frappe. Le détenu a un sursaut qu'il ne maîtrise pas ! Mais il doit annoncer à voix haute : « Ein ! » (Un !) Et le supplice continue ainsi jusqu'au dernier coup de la peine prévue. S'il ne compte pas, le coup n'est pas validé. Un coup pour rien. Lorsqu'enfin le supplicié a pu prononcer « Fünfundzwanzig » (vingt-cinq), son calvaire est terminé. Pour clôturer le rituel, deux *Vorarbeiter* le prennent sous les bras et l'aident à faire quelques mouvements assis-debout, assis-debout, pour faire circuler le sang et amoindrir son mal. Les S.S. se régalent, le détenu se tord de douleur et tient à peine debout. Si les deux *Vorarbeiter* ne le soutenaient pas, il s'écroulerait…

La soupe des Français

Nous avons eu enfin l'autorisation de recevoir des colis de France. À Heinkel, j'en ai reçu deux envoyés par mes parents. Un soir, au réfectoire, le *Blockältester* m'avertit qu'un « Paket » m'attendait. J'ai avalé rapidement ma soupe aux rutabagas, ému et impatient de récupérer mon bien. Dans l'ancienne cuisine de la cantine des civils allemands, les colis de tous les détenus étaient engrangés. Ils nous étaient remis dans la salle qui leur servait de réfectoire. Un S.S. les ouvrait les uns après les autres pour en vérifier le contenu.

Mon tour arrive. Mon colis contenait notamment une bouteille de vin!... Le S.S. demande un tire-bouchon, fait ouvrir la bouteille, renifle le bouchon et déclare: « Essig » (Vinaigre.) Puis il vide tout le vin de la bouteille dans le lavabo...

Mon second colis, des pâtes et des haricots secs, aura un meilleur sort. Grâce au concours de l'organisation clandestine des politiques allemands, à la compréhension du S.S. chef de la cuisine et à la complicité du *Vorarbeiter*, une proposition de nos camarades cuisiniers a pu se concrétiser. Il s'agissait de collecter tous les aliments difficiles à cuire contenus dans les colis reçus par les Français, pour améliorer la soupe habituellement servie aux détenus. Ainsi, un dimanche midi, une soupe épaisse, riche de l'apport de tous, sera offerte dans toutes les baraques du camp: la « soupe des Français ». Elle contribuera grandement à améliorer notre image auprès des détenus de toute nationalité.

Ce jour-là, avec l'accord de l'organisation clandestine que j'avais sollicité, j'ai fait savoir au *Blockhältester*, le désir des Français de voir un des leurs servir la soupe, en l'occurrence moi. Il a accepté.

Je crois que c'est un fait unique dans l'histoire du camp. En effet, cette démarche avait une portée politique. Outre qu'elle remettait en cause, dans les faits, la hiérarchie établie par Himmler, elle était perçue comme une revendication hautement affirmée et qui plus est, satisfaite par un chef de block, ce qui était impensable et inacceptable dans un camp de concentration. Dans la logique des S.S., elle aurait dû mériter une sanction exemplaire mais fort heureusement, rien n'a suivi.

Lorsque les bouteillons de soupe sont arrivés, le *Blockhältester*, un communiste allemand, le *Stubendienst* ukrainien comme le *Vorarbeiter* polonais de la colonne 4 du Hall 3, étaient tous présents. La responsabilité de tous était engagée. Le chef de block m'a fait signe de servir. Muni de la louche du *Stubendienst*, j'ai remué consciencieusement le contenu et commencé la distribution. Tous les regards du réfectoire étaient tournés vers moi. Je m'appliquais pour que la louche soit bien pleine. À la fin de la distribution, il restait à peine une demi-louche en rabiot pour les trois Russes qui assuraient le transport des bouteillons et de la vaisselle. Ils attendaient leur récompense. En voyant le peu qui restait au fond du bouteillon, ils ont fait grise mine. Je me suis tourné vers eux et leur ai dit :

« Tovarishch. Ponimaï Solidarité ? (Camarade, comprends-tu la solidarité ?)

- Da (Oui), concédèrent-ils.

- Khorosho. (C'est bien) »

Cette action eut des répercussions auprès des Français de la baraque qui nous témoignèrent beaucoup de reconnaissance, mais aussi auprès de tous les détenus. Dans notre block, cohabitaient Russes, Polonais, Ukrainiens et Français, tous triangles rouges. Nous tentions bien de communiquer entre nous, mais la seule langue commune était l'allemand, « commune » si l'on peut dire, la plupart des détenus, comme moi-même, ne disposant dans cette langue que d'un vocabulaire des plus réduits. Aussi n'est-il pas étonnant qu'un regroupement par nationalité se soit opéré. Cela aura eu pour effet d'entretenir certaines dissensions liées aux événements historiques récents. Les Polonais et les Ukrainiens n'appréciaient guère les Russes et tous reprochaient aux Français les options politiques prises avant-guerre par leur gouvernement. « La soupe des Français » et son service contribueront à bonifier considérablement cette situation. Ils firent également leur effet sur les responsables de notre block. Nourris des concepts du milieu concentrationnaire, peut-être même ont-ils pensé que nous étions protégés par la hiérarchie ! Toujours est-il que par la suite, cela nous valut de leur part un certain respect perceptible en diverses petites occasions.

Ainsi, quelques jours plus tard, au petit matin, le *Vorarbeiter* vint se planter fièrement devant moi. Inquiet, j'appréhendais la suite. Jugeant peut-être mon visage plus fatigué qu'à l'ordinaire, le chef posa son index tendu sur mon front et décréta sur un ton sans réplique : « Krank ! » (Malade !) Puis il m'accompagna jusqu'à l'infirmerie et négocia mon admission pour deux jours. Sans son intervention, un tel résultat était impensable. Deux jours comme *Shönung* (malade reconnu), sans travail et sans crainte des coups ! Ce fut pour moi, une parenthèse bienvenue dans ma vie quotidienne de détenu.

Brève parenthèse ! Mais comment rendre compte du quotidien dans l'univers concentrationnaire et trouver les mots qui conviennent pour en témoigner ? Peut-être est-ce une des raisons de mon long silence comme celui de bien des déportés. N'avoir pas les mots pour dire l'indicible. Les sévices, les tortures mêmes, cela peut se décrire ; les douleurs de la faim, du froid, de la séparation, chacun peut les comprendre, mais la peur, la peur permanente des brimades, des coups, des blessures, de l'horreur et de la mort toujours présente, qui peut la partager ? Cette peur qui au fil des jours, vous détruit de l'intérieur… Je n'oublierai jamais ce qui nous est apparu un matin à l'heure de l'appel : le corps crucifié sur les barbelés électrifiés de la clôture du camp d'un malheureux détenu qui, incapable de supporter plus longtemps cette vie de démence, a préféré choisir la mort la plus rapide.

Chaque dimanche soir, les mêmes questions et les mêmes angoisses nous assaillent : Qui choisir pour la tranche de pain ? Que sont devenus ceux que l'on a aidés ? Lesquels sont morts ou partis en transport vers d'autres camps ?…

Communiqué quotidien

Afin d'éviter de nous faire repérer dans nos déplacements journaliers vers nos lieux de rendez-vous, nous avions redistribué les responsabilités au sein de notre triangle. André Darnaudet était passé à ma place à la solidarité. Dorénavant je serai chargé de la diffusion du communiqué quotidien. Chaque soir, j'allais récupérer auprès de mon correspondant, les informations que je ramenais à notre baraque pour une première lecture. Puis, après le couvre-feu et malgré l'interdit, je me faufilais, copie du document en poche, jusqu'à une baraque éloignée de 200 mètres pour remettre les informations à leur destinataire désigné. Une telle circulation dans le camp, la nuit tombante, n'était pas sans danger.

Un de ces fameux soirs, j'aperçus trop tard l'éclat métallique des plaques pectorales de deux policiers nazis. « Halt ! » Je m'immobilise au garde-à-vous, mais leurs chiens étaient déjà sur moi, accrochés à mes bras. Impossible de détruire le communiqué enfoui au fond de ma poche. Je balbutie quelque chose comme : « J'allais voir un copain… » Les policiers s'approchent de moi et examinent mon numéro matricule. « Franzose!... Paris? Ah!!! Paris!… Mad'moiselle!... » Ils éclatent de rire, paraissent évoquer quelques bons souvenirs de France, donnent l'ordre à leurs chiens de me lâcher et me font signe de déguerpir. Je ne demande pas mon reste et j'achève sain et sauf ma mission ! La chance ! Mais je tremblais encore en rentrant au dortoir.

Un soir, le communiqué que l'on m'avait transmis, annonçait : « 95 % du potentiel militaire allemand est détruit. » Malgré les échecs répétés des armées allemandes, une telle affirmation nous est apparue outrageusement exagérée et susceptible de faire douter nos codétenus de la qualité des informations que nous leur diffusions sous le manteau.

Notre remarque ayant été transmise, le dimanche suivant, Bébert m'a conduit pour en débattre auprès de Charles Désirat, le responsable politique de Heinkel. Ce dernier partageait notre sentiment. Il fallait veiller à ne pas créer de faux espoirs. Les désillusions qui peuvent s'ensuivre sont redoutables pour le moral des détenus. « Toutefois, ajouta-t-il, ces informations ont été vraisemblablement émises par la radio de Londres, nos camarades gaullistes tiennent beaucoup à leur diffusion, ne les contrarions pas. » Nous avons fait circuler l'information. Le renforcement et la cohésion de la Résistance, nous commandaient d'agir ainsi.

* * *

À l'atelier, on m'a confié par la suite la tâche d'usiner à des cotes très précises une pièce de métal dont j'ignore encore l'utilisation. Malheureusement, je n'ai aucun talent de serrurier-ajusteur. Aussi, je m'appliquais à tenir ma lime bien horizontale, la main gauche délicatement posée sur la tête du fer et la droite poussant et tirant avec légèreté le manche de l'outil. Je ne voulais pas être accusé de sabotage en raison de ma seule maladresse. On a son honneur... et sa prudence!

Ma très lente activité avait le don d'irriter le *Vorarbeiter* polonais. Il était régulièrement sur mon dos, m'encourageant de ses cris et de ses menaces. Jusqu'au jour où n'y tenant plus, il m'arracha la lime des mains et, pour me montrer la manière souhaitable de travailler, il se mit à limer ma pièce avec frénésie. Puis, satisfait de sa démonstration, il reposa la lime sur l'établi. Le *Meister* observait le manège. Tranquillement, j'ai pris mon réglet pour contrôler le travail effectué. Je ne fis avec modestie qu'un seul commentaire: « Nicht gut » (Pas bon). Le gardien polonais aurait sans doute laissé éclater sa rage si le civil n'avait approuvé mon jugement en opinant du bonnet d'un air convaincu. Le *Vorarbeiter* s'éloigna rapidement et m'ignora désormais.

Un soir, Bébert me dit en confidence que l'organisation secrète réfléchissait à l'attitude à prendre dans le cas où les S.S. envisageraient une exécution massive des détenus du camp. Aussi, je ne fus pas très surpris lorsque quelques jours plus tard Petit-Jean, de son vrai nom Jean Stymkiewick, m'aborda. Je compris vite qu'il était chargé de mission par l'organisation secrète. Très brièvement, il me montra la nécessité de constituer un groupe armé tant pour résister à la garnison nazie que pour éventuellement l'attaquer.

« Es-tu d'accord pour y participer?

- Oui. »

L'entretien était clos.

18/04/44 : Heinkel 14h40

Les alertes, depuis quelque temps, se faisaient de plus en plus nombreuses, surtout la nuit. Elles annonçaient le passage des escadrilles de bombardiers alliés en mission sur Berlin. Les consignes des S.S. étaient de nous faire sortir des blocks et de nous diriger vers le bois le plus proche où nous devions attendre la fin de l'alerte. À chaque groupe de détenus de s'organiser afin de se protéger au mieux lors d'un possible bombardement.

Avec Bébert, Roger Chaput, André Darnaudet et Yves Gicquel, un camarade qui travaillait au Hall 4, nous avions creusé un trou assez profond. On avait « organisé » une tôle que nous glissions sur nos têtes pour nous protéger d'abord de la pluie mais aussi des blocs de terre, des branches d'arbre et des éclats qui auraient pu être projetés par une bombe. Un soir d'alerte, nous y avons recueilli Roger Guérin qui, dans la précipitation, ne retrouvait plus son refuge habituel.

Le 18 avril 1944, à 14h40, les pendules du Hall s'étant arrêtées à cette heure-là, nous étions au travail. Les sirènes commençaient à peine à hurler que le vrombissement infernal des moteurs d'avion et le vacarme assourdissant des bombes éclatant près de nous jetèrent la panique dans le Hall. Chacun voulait fuir hors du bâtiment, mais sous la pluie de bombes il n'était plus question de rejoindre nos abris dans le bois. Avec Bébert, on s'est précipité dans la cave de la bâtisse située en face du Hall 3. Cette cave servait de débarras. On s'est réfugié sous un établi désaffecté. La peur au ventre, on écoutait le sifflement et l'explosion des bombes dont le souffle faisait vibrer le bâtiment. Puis ce fut le silence, l'alerte était terminée. Encore sous le choc, nous quittons notre abri de fortune et sortons de la cave.

Dehors, nous constatons l'étendue des dégâts occasionnés par l'attaque aérienne. Les importantes destructions matérielles ne nous affligent pas, au contraire, mais nous nous inquiétons du sort des autres déportés. Nous apprenons qu'au Hall 4 une bombe est tombée sur le dortoir en sous-sol, provoquant un incendie. Des détenus sont morts brûlés ou asphyxiés. Et ailleurs, combien y a-t-il de morts, de blessés ?...

Nous le saurons quelques jours plus tard. Il y aurait eu deux cent trente tués parmi les déportés et une trentaine de civils et de S.S. Mais le grand nombre de détenus qui ne survivront pas à leurs blessures alourdira considérablement ce premier bilan.

Les heures qui suivirent se déroulèrent dans un grand désarroi. La réorganisation du camp par les autorités nazies se fit rapidement, mais dans une certaine confusion bien inhabituelle. Au fil des corvées nouvelles : déblayer les décombres, rechercher les pièces qui pouvaient encore être utilisées, on nous fit changer de baraque puis on nous fixa un nouveau lieu de travail. Ces dispositions avivèrent notre inquiétude. Nous en étions encore à rechercher nos copains. Les nouvelles que nous rapporta un prisonnier de guerre, venu à Heinkel pour ramasser dans un petit chariot à benne les débris du bombardement, auraient pu nous réconforter. D'après lui, l'évacuation des familles allemandes vers l'ouest était pire que l'exode que l'on avait connu en France. La peur du front russe pour les hommes mobilisés et la crainte de voir arriver les Cosaques pour les familles jetaient la panique dans la population... Mais suite aux bouleversements de l'ordonnance du camp, nous avions perdu toute liaison avec l'organisation secrète et restions un peu désemparés. Combien de temps faudra-t-il pour retrouver les nôtres et reconstruire notre structure clandestine ?

Quelques jours plus tard, je suis dirigé vers un bâtiment situé en face du Hall 8 et qui devait servir auparavant de réfectoire aux civils. Son sous-sol avait été aménagé en atelier. Quelle ne fut pas ma surprise - et ma joie - de me retrouver avec six Français autour du même établi : Albert Rossenthal, André Darnaudet, Yves Gicquel et Louis Chaput étaient du nombre. De surcroît, le *Vorarbeiter*, lui aussi était français, un Bayonnais. Je crois qu'il fut le seul à Heinkel à obtenir cette « distinction » et cela sans avoir fait montre d'aucun zèle particulier propre à séduire les autorités nazies. Il était très sympathique. Il m'a beaucoup aidé et m'a même rendu un fier service. J'avais mal usiné une pièce qui devait servir de matrice pour l'emboutisseuse. Sans son intervention, cette malfaçon considérée comme un acte de sabotage, aurait pu me valoir selon le règlement, une punition définitive.

Nous étions en mai-juin 1944, les troupes nazies reculaient sur tous les fronts. L'Allemagne était encerclée, et malgré la propagande nazie qui affirmait mettre au point une arme secrète propre à changer le cours de la guerre (les V1 et V2), les civils allemands n'avaient plus d'illusion. Ils voyaient bien que la guerre était perdue et que l'avion que nous construisions ne prendrait jamais son vol. Je crois que nous avons tous bénéficié du climat de cette période.

Ainsi moi-même, je me présente un jour devant le *Meister* pour faire contrôler ma pièce. Il l'examine et me dit tranquillement et presque à voix basse, en me regardant dans les yeux d'un air complice - mais peut-être tout simplement n'était-il pas dupe - : « Nicht gut ». La pièce en fonte de deux centimètres d'épaisseur devait avoir sur un côté un biais de quelques degrés, j'en avais compté moitié moins. Je m'en tirais bien, sans aucune punition, le *Meister* me laissa recharger le métal manquant avec de la soudure et recommencer le biais au degré désiré. Le *Vorarbeiter* français m'a donné un coup de main pour affiner la pièce, mais il me restait encore à l'ajuster. L'ambiance fraternelle autour de l'établi où nous nous retrouvions sept copains et le *Vorarbeiter* avec lequel nous étions en confiance, les nouvelles du front, la défaite des nazis que l'on imaginait très proche, tout cela concourait à détendre l'atmosphère. De plus, nous nous trouvions dans un recoin de l'atelier guère visible des autres groupes de travail, ce qui nous évitait de nous sentir surveillés. Si nous n'avions pas eu en tête, en permanence, notre environnement toujours dangereux, la faim et la soif qui nous minaient, les appels du soir sous la pluie, je crois que nous aurions pu baisser la garde et nous laisser divaguer. Cette sorte d'étourdissement, je sais l'avoir vécu.

Les cadences étaient ralenties au-delà du raisonnable, il fallait toutefois que je termine ma pièce pour la porter au contrôle. J'avais encore deux à trois jours de travail. Durant ces trois jours, ma vigilance est restée complètement en sommeil. Je n'étais plus à Sachso. Je vagabondais en esprit passant de l'enthousiasme de la libération aux joies du retour dans ma famille. Je revoyais mon père dans le jardin s'arrêter devant une plate-bande, regarder si les salades poussaient, puis arracher un radis, l'essuyer de sa main et le croquer en se délectant : « Qu'est-ce qu'ils sont bons ces radis de Bègles ! Tous les jardiniers à Bègles font des radis, c'est l'emblème de la ville… D'ailleurs au club de rugby, tous les joueurs ont un radis sur le maillot ! »

Je sens qu'on me tape sur l'épaule, je sursaute :

« Et alors, tu dors ?

- Non, je voyage ! »

Devant mon nez, sur l'établi, l'étau serre toujours la pièce que je dois limer. Je reprends mon travail. Je lime, mais confusément je suis ailleurs… Enfin, la pièce terminée, je vais au contrôle. Je retrouve le civil qui en me voyant arriver esquisse un demi-sourire. Il prend ses outils de contrôle, il me regarde, reprend son contrôle, s'y attarde, me regarde à nouveau. Je crois comprendre qu'il considère qu'il tient un saboteur et se demande quoi faire. Il hésite, va-t-il montrer la pièce à son supérieur ? Il vient vers moi muni d'un plan qu'il étale sur l'établi. Il arrête son compas sur le côté de la pièce qui devait présenter le fameux biais. C'était flagrant. Cette fois, j'avais un peu trop forcé le sabotage : j'avais limé le biais à l'envers. Le *Meister* se tourne vers moi, me regarde droit dans les yeux, me tend la pièce et me dit d'un ton neutre : « Nicht gut. »

Revenu à l'établi, je raconte aux copains mon aventure. Chacun donne son avis. Les uns restent un peu pessimistes, les autres optimistes, mais est-ce pour ne pas m'affoler ? Personne en réalité ne peut savoir. Le *Vorarbeiter* ajoute : « S'il t'a rendu la pièce, c'est vraisemblablement qu'il ne veut pas la conserver comme pièce à conviction, ce qui aurait pu te coûter cher. Il y a donc de l'espoir. »

06/44 : Au Kommando Speer

Le lendemain matin, sans autre explication, un *Blockältester* pénètre dans le dortoir et appelle mon numéro matricule. À ma réponse, il crie : « Komm hier ! » (Viens ici !). Je m'habille en vitesse. Bébert s'inquiète : « Qu'est-ce qui se passe ? » Je n'en sais rien. Le dialogue est bref entre nous, car depuis quelques semaines en raison du manque de lits et du surcroît d'effectifs, nous dormons deux par châlit, tête-bêche pour être plus à l'aise, dit-on ! Trop d'oreilles susceptibles d'être indiscrètes nous entourent, la prudence nous condamne au mutisme.

Dans le réfectoire, plusieurs détenus sont déjà là, dont un Français. Je lui demande : « Où va-t-on ? » Il me répond d'un air étonné : « Comme tous les matins, on prend le train pour Speer ! » J'ai vite compris la situation. Le *Meister*, ne croyant visiblement pas à la victoire du IIIe Reich, n'avait pas voulu m'accuser de sabotage. Une chance ! Mais sa mansuétude s'était arrêtée là. Il avait vraisemblablement rédigé un rapport suffisamment éloquent pour me valoir une mutation dans un nouveau Kommando.

« Antreten… Schneller ! » En colonne et au pas cadencé, on se dirige vers le grand portail du camp. Au dehors, stationne un wagon de voyageurs, une planche posée sur le seuil en guise de marche d'accès. La sortie du camp se fait par un petit portillon. « Los… Los… Los ! » Encouragés par les coups de schlague, il nous faut en courant passer un par un le portillon. Nous sommes à l'extérieur, un renfort de SS est forcément nécessaire pour nous encadrer durant les quelque trente ou quarante mètres qui nous séparent de la planche que nous montons encore plus vite pour nous retrouver dans le wagon. Ouf !... Ce wagon de voyageurs est assez particulier. Ses aménagements intérieurs ont été arrachés, la tôle est à nu. Plus de fenêtres, elles aussi sont obturées par des plaques de tôle. Lorsque tous les détenus sont montés, la porte du wagon se referme et nous plonge dans l'obscurité. Nous ne sommes pas nombreux, il est possible de s'asseoir. Un coup de sifflet et le train démarre.

Une petite demi-heure de voyage et nous arrivons à destination. La descente du wagon sera encore plus rapide que l'embarquement, pas d'escalier, pas de planche, il faut sauter, au moins deux par deux.

« Antreten ! » On se rassemble et nous partons vers cette entreprise Speer, du nom de son propriétaire, Albert Speer, architecte devenu ministre de l'armement d'Hitler. Nous trouvons une entreprise vide. Seul au fond du hangar, à droite, un petit groupe de déportés adossés à leurs établis, patiente. Tous les détenus du wagon se dirigent vers eux.

Un *Vorarbeiter* me prend à part et me conduit vers la gauche du bâtiment où je ne vois personne. Il me montre un établi, m'indique que c'est là que je dois travailler et s'en va. Je reste seul, j'attends. Enfin un civil allemand en bleu de travail vient vers moi, me présente des morceaux de ferraille et un plan, me glisse à l'oreille : « Kriegscheisse » (Guerre de merde) et disparaît à son tour. Ce n'est pas la première fois que l'on me chuchote cette plainte désabusée. Le moral des civils allemands est bien bas. Il semble que tous les hommes aient été mobilisés pour le combat, au détriment de la production qui ne se fait plus. Il faut croire que le front est tellement enfoncé que seules comptent les forces humaines pour éviter la déroute…

Je m'assois sur un escabeau et examine le plan. Je n'ai pas envie de me creuser la tête, je suis bien assis, le plan sur mes genoux, indolent je le regarde. J'ai certainement dû dormir longtemps, les coudes sur les genoux, la tête dans mes mains. Rien ne bouge. Personne aux alentours. Quelques détenus au fond de l'atelier ont l'air de s'activer un peu, je décide d'y aller voir. Muni de deux morceaux de fer et du plan, je me dirige vers eux. J'aperçois un F triangle rouge, c'est un 65000. « Bonjour ! Tu peux m'indiquer où se trouve l'atelier de soudure ? » Accompagnée de force gestes et avec un bel accent méridional, la réponse m'est vite donnée. J'en profite pour bavarder, pour en savoir un peu plus sur la situation de cette entreprise. « Il paraît qu'elle faisait de la sous-traitance pour Heinkel… sans trop savoir ce qui y était réellement fabriqué. Les S.S. ont mobilisé presque tous les civils allemands. Quant aux détenus, il y a eu plusieurs transports… sans savoir non plus pour quelle destination. Il ne reste que nous et deux Vorarbeiter…

À l'atelier de soudure, je retrouve un jeune Parisien qui travaillait au Hall 3 avec Raymond Fétiveau. J'obtiens enfin des nouvelles de Raymond : lors du bombardement à Heinkel, il a été blessé à la cuisse. Depuis pas de nouvelles. Le jeune pense qu'il est au *Revier* (l'infirmerie) du grand camp. Il n'en sait pas plus. Il avance quelques suppositions tragiques, plausibles, mais… il n'en sait rien.

Je lui montre mes deux morceaux de fer et le plan. Il me regarde, l'air moqueur et d'un ton confidentiel, il ajoute : « Garde tes morceaux de fer à la main et ton plan sous le bras, c'est l'alibi pour te promener. Si un Vorarbeiter t'arrête, demande-lui où se trouve la soudure et ne t'inquiète pas, on s'arrangera. Pour la soupe de midi, va poser tes bricoles et reviens, on ira ensemble. »

En revenant à mon établi, je suis perplexe. Passée la peur du matin, tout me paraît étrange dans cette journée de solitude et d'inaction. Tout me confirme dans ma décision de vivre au jour le jour : le matin pour envisager la journée et être vivant le soir pour retrouver Bébert. Car, après le travail, nous étions immédiatement reconduits à Heinkel dans notre wagon-prison et je regagnais ensuite ma baraque. La chance, je n'étais pas séparé des copains !

Au printemps, on nous avait distribué nos « costumes de bagnards d'été ». À la fin de l'automne, notre vestiaire fut renouvelé en sens inverse. Habilement, je dois le confesser, je suis reparti avec mes deux vestes : celle d'hiver et celle d'été. Durant des mois, j'ai précieusement conservé cette dernière sans jamais me faire prendre pour ce larcin à mes yeux légitime. Ce n'était jamais qu'aux S.S. qui nous faisaient geler de froid que j'empruntais ce léger vêtement supplémentaire. Mais, ce jour-là, l'opération s'avérait à nouveau délicate. Les S.S., à court de tissu rayé, avaient décidé de nous vêtir des dépouilles des déportés récents. Dans le dos de leurs vêtements civils, une large croix avait été peinte en rouge, preuve que celui qui la portait était un détenu. Au cours de l'échange, j'ai réussi à sauver une de mes vestes et, par un incroyable concours de chances, je la possède encore. Récemment, je l'ai portée à nettoyer, la dame teinturière ne m'a pas fait payer. « Pas pour ça. » m'a-t-elle dit.

Bébert avait rétabli le contact avec l'organisation, les informations nous parvenaient à nouveau. Quelques semaines passèrent ainsi. Les nouvelles étaient de plus en plus réconfortantes. La France libérée, on s'imaginait les armées de l'Est et de l'Ouest entreprenant une course de vitesse pour être les premières à libérer Berlin dont nous n'étions qu'à trente kilomètres. Pour nous, il ne s'agissait que de quelques jours. Malheureusement, l'espoir et la réalité ne vivent pas ensemble, nous étions en hiver 1944 et le matin de la liberté n'était pas à l'ordre du jour. L'espérance était toujours là, heureusement ! Car si nous avions su qu'il y en avait encore pour au moins un an, les monceaux de cadavres quotidiens auraient été encore plus fournis. L'espoir nous aidait à tenir et il faut bien l'avouer la chance également. Au bombardement de Heinkel, pourquoi les bombes sont-elles tombées ailleurs et pas sur nous ? Le moral, l'espoir n'y sont pour rien.

Un soir, des nouvelles cruelles nous sont parvenues avec un grand retard. La Gestapo toujours présente dans le grand camp, aidée par les mouchards qu'elle manœuvrait, avait découvert un poste radio.

Quelles tortures, quelles souffrances ont dû supporter nos camarades avant d'être fusillés, le 11 octobre 1944. Ils étaient vingt-quatre Allemands et trois Français :

- André Bergeron n° 58393, communiste de 23 ans (sa fille ne manque pas, chaque année, de venir se recueillir à Sachso) ;
- Emile Robinet n° 58689, syndicaliste CGT de 44 ans ;
- Marceau Benoit n° 69117, âgé de vingt ans, réfractaire au S.T.O..

Je veux rendre hommage aux vingt-quatre communistes allemands qui sont tombés avec nos compatriotes. Ils furent les premiers à s'opposer aux nazis, aux S.A., aux S.S. ; les premiers à arriver à Oranienbourg, à y organiser résistance et solidarité. Notre organisation secrète comme tous les détenus doivent beaucoup à ces militants.

Il y a toujours de grands risques lorsque l'on s'engage dans l'action clandestine. Pas toujours le moral, pas toujours la chance…

Le soir du 16 mars 1945, rassemblement à la sortie des ateliers Speer. Il est hors de question de nous ramener à Heinkel, la voie ferrée a été bombardée. Un *Vorarbeiter* appelle une première liste de numéros matricules. Les détenus concernés sont dirigés vers un autre commando. Je suis de la seconde liste avec une vingtaine de déportés. Petit réconfort, je découvre qu'un copain, Jean Amestoy, est parmi eux. J'avais déjà eu des contacts avec lui à Heinkel dans l'organisation clandestine, mais ici nous ne nous étions pas encore rencontrés. Notre petit groupe se met en marche vers sa nouvelle affectation : le Kommando Klinker, situé environ à trois kilomètres du grand camp.

16/03/45 : Au Kommando Klinker

Je connaissais déjà la sinistre réputation dont jouissait le Kommando Klinker et j'ai malheureusement pu vérifier qu'elle n'était pas usurpée. Mais j'ignorais alors jusqu'à quel point la démence des traitements infligés aux détenus avait pu s'exercer. Et puis, j'ai su.

Je pense à tous ceux, classés comme sous-hommes par les S.S. et qui n'ont pu survivre aux tâches inhumaines qui leur furent imposées à l'usine Klinker. Car avant que les opposants politiques allemands, que les déportés de toute l'Europe soient affectés à ce commando disciplinaire, ce sont tout particulièrement des homosexuels, des Juifs, des Roms qui furent les premiers à y mourir en esclavage.

Puis ce furent toutes les vagues de détenus qui eurent à extraire la glaise du marécage pour alimenter la briqueterie. Ils s'enfonçaient jusqu'aux genoux dans la boue argileuse. Celui qui s'enlisait jusqu'à la ceinture, s'il ne trouvait pas un point d'appui solide pour poser le pied, continuait à s'engloutir inexorablement sous les yeux de ses camarades paralysés... On ne peut imaginer leur souffrance.

D'autres furent délibérément assassinés. Les tireurs d'élite de l'unité des gardes S.S. Brandebourg se détournaient de leurs fastidieuses cibles de carton pour tirer sur des cibles mouvantes : les détenus juifs ou homosexuels poussant des brouettes sur le chantier voisin.

D'autres... La barbarie fait encore mal même quand on la dénonce.

À mon arrivée, la briqueterie ne fonctionnait plus qu'au ralenti. La moitié de l'usine était affectée à l'industrie de guerre ; on y fabriquait des grenades de panzerfaust. C'est dans cette fonderie que nous fûmes affectés, Jean Amestoy et moi. Lui, dans une unité que l'on appelait « les Noyaux » où l'on mettait en place ce qui constituait l'intérieur de la grenade ; quant à moi, je fus assigné au remplissage des moules de corps de grenade par de la fonte en fusion.

Pour transporter cette lave incandescente, nous disposions d'un brancard dont les bras enserraient la cuve destinée à recevoir la fonte liquide. Trois hommes étaient nécessaires pour porter l'appareil : un seul à l'avant entre les bras du brancard, les deux autres disposant chacun de deux poignées, à l'arrière. On se présentait devant le four dans cet ordre. Un détenu faisait basculer le chaudron contenant la fonte en fusion qui s'écoulait alors dans la cuve que nous tenions toujours à bout de bras.

Dans cette fournaise, le travail s'effectuait torse nu et sans aucune protection. Or, en se déversant dans la cuve, la fonte projetait des étincelles de métal dans le dos de celui qui était devant et sur la poitrine des hommes à l'arrière. Il fallait sans broncher, encaisser les brûlures.

La cuve étant remplie, elle devait peser une cinquantaine de kilos, nous partions le plus rapidement possible vers les moules des grenades. Leur alignement s'étendait sur plus de quatre-vingts mètres, jusqu'au fond du bâtiment. Dès que l'on y déversait la fonte, il se dégageait une fumée âcre et noirâtre que nous respirions en hoquetant et qui brûlait nos poumons. Les premières batteries de moules étant près du four, la manœuvre n'était pas trop fatigante mais peu à peu, la distance à parcourir s'allongeait et notre fatigue augmentait d'autant. À notre retour vers le four, la cuve allégée, le *Vorarbeiter* nous obligeait à presser le pas, criant et tapant plus fort si le S.S. était dans les parages.

Au bout de six heures de ce travail épuisant, nous avions droit à une pause de trente minutes; elle nous permettait de souffler un peu. À cette occasion, le *Vorarbeiter* recevait un certain nombre de casse-croûte, une fine couche de margarine ou de confiture entre deux minces tranches de pain. Il les distribuait selon son appréciation du travail accompli ou selon son humeur, il était seul juge. Et le travail reprenait pour six nouvelles heures.

Au bout de dix jours, par un hasard dont je ne connais pas les raisons, je fus affecté à une autre tâche. Une vraie chance! L'espérance de vie des détenus condamnés au transport de la fonte en fusion était réduite à quelques semaines...

Mon nouveau poste était au pied du four. Je devais recueillir dans un lourd cône en fer monté sur deux grandes roues, la crasse, les déchets de la ferraille en fusion qui s'écoulaient d'une goulotte pratiquée sur le côté du four. Lorsque le cône était plein, je le poussais à l'extérieur du bâtiment afin de le vider, par une manœuvre de bascule, dans un dépotoir. J'effectuais ce trajet d'une trentaine de mètres tous les quarts d'heure. Ainsi je passais d'une température d'environ quarante degrés au pied du four à une température négative à l'extérieur.

Parfois, il arrivait que sur le sol caillouteux, les étroites roues de fer de mon engin se bloquent. Malgré mes efforts désespérés, je ne parvenais pas à redémarrer. Heureusement, il se trouvait toujours un détenu pour donner le coup de rein supplémentaire me permettant de repartir avant que le *Vorarbeiter* ne s'aperçoive de l'incident. Il m'aurait aidé lui aussi, à coups de trique, ce qui stimule beaucoup l'énergie… Non, entre détenus, la solidarité n'était pas un vain mot.

Après douze heures de travail, de midi à minuit ou de minuit à midi selon le roulement des deux équipes de la fonderie, après l'appel, après la sempiternelle et frugale soupe aux rutabagas venue du grand camp, je retrouvais au dortoir Jean Amestoy aussi éreinté que moi. Quelques paroles fraternelles et nous nous écroulions tête-bêche sur notre paillasse.

10/04/45 : Klinker 14h30

Ce 10 avril 1945, notre *Kolonne* avait repris le travail à la fonderie à midi. Quelques heures après - j'ai su plus tard qu'il était 14h30 - le grondement des escadrilles de bombardiers se fit entendre. L'alerte était à peine donnée que dans un bruit de tonnerre assourdissant, le premier chapelet de bombes s'abattait sur l'usine. Ce fut un sauve-qui-peut général. Sur le mur opposé au four, une grande porte coulissante était ouverte. Une bombe explosa près de son seuil et une violente tornade traversa le hall. Je me revois encore progressant à quatre pattes dans la fumée et le feu environnants. Je m'aperçus alors que la bombe était tombée sur la clôture de barbelés en y ouvrant une large brèche. Je n'avais pas fini de me poser la question « j'y vais ou je n'y vais pas » que déjà une dizaine de détenus s'étaient glissés dans l'ouverture. Sans plus de raisonnement, je me lançais à leur suite. Je courus droit devant moi, à travers le pré attenant au camp. Je n'avais parcouru qu'une cinquantaine de mètres lorsque j'entendis le sifflement caractéristique d'un chapelet de bombes tombant au-dessus de moi. Je plongeais au sol, les mains sur ma tête. Dès ce moment, il ne me reste plus qu'une série d'images et de sensations. D'énormes déflagrations tout autour de moi. Je suis soulevé dans les airs. « À quelle hauteur ? Je ne cherche pas à savoir. Je ferme les yeux… »

Je me retrouve plaqué au fond d'un trou de bombe, un profond cratère aux parois de sable meuble. J'essaie de sortir de ce trou. À chaque effort pour me hisser, je glisse plus bas. Il n'y a pas de solution. L'angoisse me prend, que faire ?... Des gens passent en courant au bord du trou. Je crie du plus fort que je peux : « Au secours !… Au secours ! » Un gars m'entend. Il arrête les coureurs qui le suivaient. Ils sont combien à faire la chaîne : sept, huit ?... Je saisis les poignets du premier arrivé à ma hauteur. Les autres tirent de toutes leurs forces. Deux mètres de franchis, bonheur ! Je reprends espoir, ils vont pouvoir me sortir…

Dès que je suis parvenu à la surface, je m'aperçois que tous mes sauveteurs étaient déjà repartis en courant vers un petit bois qu'ils espéraient libérateur. Mais à l'orée du bois, j'aperçus des S.S. qui s'étaient regroupés pour arrêter les fuyards… Je n'entendais pas de cris… ça faisait drôle, je n'avais jamais vu les S.S. aussi calmes…

J'ai réussi à me traîner vers le petit bois et je me suis affalé incapable de dire un mot, de me tourner d'un côté ou de l'autre… Puis, je n'ai plus rien vu, ni rien entendu…

Lorsque j'ai repris connaissance, le silence… Il faisait soleil. C'était effectivement le lendemain, vers quatre ou cinq heures de l'après-midi… J'étais dans une cabane, une cabane de jardinier sans doute à voir les outils qui s'y trouvaient. J'étais assis par terre, gardé par un soldat de la Wehrmacht, le fusil sur l'épaule. Je n'y comprenais rien… Le soldat ne parlait pas un mot de français et moi j'avais oublié les quelques mots d'allemand que je connaissais. La conversation était impossible. De toute manière, j'étais incapable de faire cet effort, j'errais dans un demi-sommeil. Impossible de savoir depuis combien de temps j'étais là, ni comment j'y étais arrivé…

La nuit commençait à tomber lorsque j'entendis des bruits de voix qui se rapprochaient. La porte s'ouvre, un S.S. apparaît. Il explique je ne sais quoi au soldat. Je me lève difficilement, la tête me tourne. Je me raccroche… à la manche d'un S.S. que je découvre en rouvrant les yeux. Son juron me semble moins agressif que d'habitude. Mais instinctivement, je me recroqueville prêt à encaisser… Pas de coup, je ne comprends plus rien !

Péniblement, en titubant je marche derrière mes deux gardes vers une camionnette. Ils m'aident à monter, je m'allonge et je ferme les yeux. Nous partons. Mais très peu de temps après, le camion s'arrête. Je regarde… Je reconnais le grand camp, nous sommes devant le *Revier* (l'infirmerie). On m'aide à descendre.

À l'intérieur, un médecin qui comprend quelques mots de français, du moins je le suppose, veut savoir ce qui m'est arrivé. J'essaie de raconter mais je sens que j'ai des difficultés à me faire comprendre, les mots n'arrivent pas à sortir. Un infirmier est là. Je crois que le médecin lui demande de me mettre dans un lit car l'infirmier, aidé par un collègue, me hisse au deuxième étage d'un châlit. À peine allongé, je ferme les yeux et je sombre à nouveau.

Le pain du mort

J'ai repris connaissance le lendemain matin en entendant le fameux appel habituel « Aufstehen ! » (Debout !). Avec le remue-ménage qu'il engendre même à l'infirmerie, cela vous ramène brutalement à la réalité. On nous porte le soi-disant café que j'avale encore chaud pour une fois. C'est déjà une autre vie : un personnel qui s'occupe de vous, pas de hurlement, pas de course pour éviter les coups. Mon étonnement à découvrir ce qui m'entoure, cette ambiance tranquille, finit de me réveiller. Je me tourne vers mon voisin immédiat. Il vient lui aussi de recevoir son *Kaffee*. Il me paraît bien faible, il a des difficultés à tenir sa gamelle. J'essaie de lui parler : « Tu as fini ton café ? » Pas de réponse. « Comment est la soupe de midi ? » Toujours pas de réponse. On dirait qu'il est ailleurs. Il n'a plus la force de boire, il pose sa gamelle entre ses jambes, s'allonge et ferme les yeux. À mon tour, je m'allonge et je ferme les yeux.

J'ai dû dormir ou plutôt j'ai dormi car le cliquetis des gamelles annonçant la distribution de la soupe de midi me tire du sommeil. Encore un peu embrumé, je touche le bras de mon voisin pour lui annoncer la nouvelle. Pas de réaction. Par-dessus son lit, j'interpelle alors son voisin de droite, dans mon allemand approximatif : « Nachbar… sehen ? » (Tu as vu notre voisin ?) L'homme se redresse et s'assoit sur son lit. Il porte au bras un volumineux pansement. Il se penche vers notre commun voisin, puis me regarde et le doigt sur la bouche, il me fait signe de ne rien dire.

Les détenus garçons de salle arrivent et nous délivrent à tous trois la ration habituelle, une gamelle de soupe et une tranche de pain. Subrepticement, l'homme au pansement écarte le bras de son voisin, lui prend sa gamelle et son pain et les dépose au bord du lit. Puis tranquillement, il attrape ses propres rations et se met à boire et à manger. De temps en temps, il se tourne vers moi et me fait un clin d'œil. J'ai alors réalisé qu'il avait compris que notre voisin était mort. À peine sa soupe avalée, notre homme verse dans sa gamelle la moitié de celle du mort, coupe la moitié de sa ration de pain et me tend le tout. J'ai enfin compris : on profite de la mort du voisin pour se partager sa nourriture.

Ainsi pendant trois jours nous avons bénéficié d'une demi-ration supplémentaire. C'était une embellie qui nous a presque permis de manger à notre faim. Au bout du troisième jour, ça n'était plus possible. En revenant des W.C, on sentait l'odeur de décomposition à cinq mètres. Les détenus chargés du service l'avaient certainement sentie eux aussi, mais ils ne disaient rien. Une sorte de consentement tacite : la nourriture des morts devait aider à nourrir les vivants.

Le médecin passait chaque jour. Il s'adressait à moi en français. J'avoue ne pas avoir eu la force de lui demander s'il était Français. À sa question : « Ça va ? », je répondais « Pas trop. » Au bout du huitième jour, il me dit : « Il faut que tu sortes… maintenant. » Ce « maintenant » était plein de sous-entendus. Nous étions le 18 avril 1945, ce médecin devait savoir ce qui se passait dans le camp et le détail des préparatifs de l'évacuation prévue entre le 20 et le 21.

Après avoir satisfait aux formalités de sortie, j'ai récupéré ma veste, mes deux vestes, mon pantalon et mes sabots. Un peu ébloui, j'ai fait quelques pas et là, devant le *Revier*, j'ai vu Bébert, les deux cuisiniers Alfred et Raymond et Yves Gicquel. Etait-ce un hasard que mes camarades soient presque tous là ? La question ne se posait pas.

Bébert me met au courant de la situation. Sur le front, les Soviétiques sont à quelques dizaines de kilomètres de Berlin qu'ils contournent semble-t-il par le sud. Au nord, la rencontre avec les Alliés devrait se faire sur une ligne Oder-Neisse, dans quelques jours. Les Allemands sont désemparés. Ils voudraient sans nul doute se débarrasser des camps et des déportés, mais on ne connaît pas encore leur décision sur la manière. Tout le monde est consigné au camp. Seuls, sortent les commandos qui vont dégager les ruines dans Berlin.

Il ne faut pas rester trop longtemps à l'extérieur des baraques car les S.S. ramassent tous ceux qui traînent pour effectuer quelques douloureuses dernières corvées. Rapidement, nous nous dirigeons vers le fond du dortoir d'une baraque que les copains ont « organisée ». Là, avec délicatesse, Bébert m'apprend que notre camarade Jean Amestoy est mort dans le bombardement. Je ne suis pas encore très costaud, je m'écroule sur un lit et j'oublie tout…

Après environ vingt heures de sommeil, je me réveille. « Oui, nous sommes le 19, il est presque dix heures », m'assure Bébert. Je n'arrive pas à me rappeler s'il y a eu un appel, ni comment nous avons mangé. Je passe encore la journée, allongé dans un demi-sommeil ouvrant péniblement les yeux par intermittence. Le soir, le communiqué de l'organisation secrète nous confirme que les S.S. préparent l'évacuation du camp. On nous demande de ne pas nous précipiter, les Soviétiques ne sont pas loin. Mais on ne connaît pas précisément les intentions des S.S. On sait seulement qu'ils ont commencé à brûler les archives.

20-21/04/45 : La marche de la mort

Est-ce le 20 ou le 21 avril qu'a eu lieu le rassemblement sur la place d'appel ? Personne ne peut le préciser, ceux qui ont fait des recherches hésitent. À un jour près, ce n'est guère l'important à mes yeux, c'est plutôt l'émotion intense qui nous a étreints à ce moment-là et dont je me souviens. Où va-t-on ? Que va-t-il nous arriver ? Que vont faire de nous les S.S. ? Nous sommes des témoins gênants à l'heure de la reddition finale. De quelle façon vont-ils nous exterminer ?

Des colonnes de cinq cents détenus se forment vers la sortie, une couverture roulée sur les épaules. Un morceau de pain et une tranche de saucisson sont distribués à chacun. Charles Désirat, Charlot est parmi nous. Il a toujours maintenu le contact avec l'organisation secrète. On nous demande encore d'attendre, la situation n'est pas claire, ni sur notre destination, ni sur la progression des Alliés, ni surtout sur celle des Soviétiques qui sont les plus proches de nous.

Le camp continue à se vider par nationalités, bon nombre de Français sont déjà partis. Nous attendons toujours. La nuit commence à envahir le camp lorsque la consigne nous parvient : « Évacuez ». Rapidement, nous rejoignons la colonne prête au départ. Combien sommes-nous ? Je ne saurais le dire. Tous les six, Bébert, Frédo Rey, Raymond Lesieur, Roger Chaput, Alfred Klein et moi, nous veillons à rester groupés. Le plus inquiétant est le manque de ravitaillement, il paraît que toutes les réserves sont épuisées. Heureusement dans notre petit groupe, l'un d'entre nous a « organisé » une boule de pain. On la partage, ce sera notre dernier repas avant de franchir la porte du camp.

Nous sommes encadrés à la fois par des S.S. et des détenus allemands triangles verts qu'ils ont habillés en soldats de la Wehrmacht. Sont-ils volontaires ou désignés d'office ? Ils ont un fusil. Ont-ils des balles ? On ne leur demandera pas. Une charrette est placée derrière la colonne, les S.S. y ont entassé leur butin. Quatre détenus sont désignés pour la tirer.

La colonne s'ébranle. Plus question de marcher au pas. Il semble qu'il y ait unanimité dans les rangs, personne n'est pressé. Chacun doit se dire : « Pourvu que les Russes nous rattrapent ! » On commence à penser que la libération approche, on ne se doute pas du calvaire qui nous attend.

Il fait nuit noire après quelques heures de marche, une nuit chargée de nuages. Les petites routes en terre que nous empruntons ne sont pas éclairées, on voit à peine celui qui avance devant soi. Brusquement, en tête de colonne, on entend hurler : « Halt ! ». Nous sommes en rase campagne. On attend. On devine alors à l'avant l'ouverture de la colonne et le déplacement des détenus vers le bord des fossés. Au fur et à mesure, comme le flot fendu par l'étrave, le mouvement arrive jusqu'à nous. Il faut se rapprocher du fossé et l'ordre est donné de s'asseoir. Il a plu dans la journée, s'asseoir c'est poser son derrière sur la terre humide et boueuse. C'est ainsi, apprend-on, que l'on doit passer le reste de la nuit. Pas question de pain et encore moins de soupe. Il n'y a plus qu'à s'exécuter ; on se place dos à dos et on laisse glisser nos fesses jusqu'au sol détrempé.

Au petit matin, on entend à l'est le canon qui tonne, ce sont les Soviétiques. « Aufstehen ! » (Debout !) L'ordre lancé par nos gardiens, ne nous surprend pas, il nous tarde de nous lever. Mais que de gémissements dans la colonne ! Les membres courbaturés et ankylosés peinent à se déplier. L'eau froide de la nuit coule le long des jambes. Ni café ni casse-croûte, il faut repartir l'estomac dans les talons ! Dans notre petit groupe, on se concerte rapidement. Nous sommes tous les six, physiquement diminués. On décide de prendre quelques précautions. Trois marcheront sur un rang et juste derrière eux, les trois autres suivront afin de déceler immédiatement la faiblesse éventuelle des premiers. Nous changerons de place à tour de rôle, le matin et à la pause de midi ou sur la demande de l'un d'entre nous.

Il pleut ! Et l'on ne sait pas où l'on va. On pose la question : à côté, devant, derrière, personne ne sait. Il se murmure qu'il faut s'économiser, ne pas faire d'efforts inutiles, surtout ne pas s'écarter vers le bord de la route, même si la faim vous pousse à ramasser des pissenlits sur le bord du fossé. On a déjà eu des exemples : on te demande de sortir du rang et tu reçois une balle pour tentative d'évasion.

Sous la pluie, la colonne avance lentement. Je suis le rythme de sa marche avec une certaine facilité, mais je me sens perdu, la tête ennuagée. Je m'interroge : « Suis-je bien rétabli ? Je ressens un peu de fatigue… » Puis voyant mes camarades à la peine, je me rassure : « Je suis comme tout le monde ! »

On s'arrête, pause. Il est midi sans doute, l'heure de déjeuner pour les S.S. et leurs assistants. Nous, nous n'avons toujours rien à manger. Les estomacs commencent à se plaindre. Pour moi je ne saurais dire, j'ai peut-être faim, mais ma tête vide ne m'avertit de rien. On repart.

Vers le milieu de l'après midi, un coup de feu claque derrière nous. On s'interroge du regard ! Est-ce un S.S. qui chasse un gibier ? Venu de l'arrière, un murmure se répand : un détenu traînait en boitant en queue de colonne, un S.S. l'a abattu d'un coup de revolver dans la nuque. Nous sommes prévenus : pas de traînards. Une pluie fine et froide continue de tomber sur la colonne en marche. Nous avons entendu résonner deux autres coups de feu dans le crépuscule.

« Halt ! » Nous sommes près d'un petit bois. À ses quatre coins, les S.S. achèvent de monter les mitrailleuses sur leurs trépieds. C'est dans ce camp improvisé que nous allons passer la nuit.

Le sous-bois respire l'humidité froide de la journée, mais nous n'y sommes pas trop serrés et on peut s'allonger facilement. Nous étendons trois couvertures sur le sol, conservons les trois autres pour nous couvrir et bien serrés les uns contre les autres, on essaie de s'endormir. J'y parviens assez rapidement. Certainement, j'étais encore sous les effets du traumatisme subi lors du bombardement. Mes pensées flottantes et mon état d'éveil embrumé m'inclinent à le penser. Couché, je m'endormais, debout je restais dans un demi-sommeil…

« Aufstehen ! » (Debout!) Quelle heure est-il? Nul ne le sait. Il fait jour, mais les nuages bas cachent encore le soleil… Il ne pleut plus, c'est une chance, on va pouvoir se sécher durant la journée si le temps ne se détériore pas. Pour l'estomac, c'est selon les personnes, il se tord plus ou moins. Ce qui est sûr, c'est que ce matin il n'y aura pas d'ersatz de café.

On repart, couverture dépliée sur le dos pour qu'elle sèche au plus vite. Comme convenu, on procède à un changement de place : je suis devant avec Bébert et Roger. La marche lente recommence, on essaie de maintenir notre position environ à mi-colonne. De temps en temps, il faut doubler deux ou trois détenus qui lâchent pied, impuissants à suivre le rythme de la marche. En réalité, il n'y en a qu'un en difficulté, les deux autres le soutiennent. Vont-ils reculer jusqu'à la limite fatidique où tous deux devront laisser leur copain recevoir le coup de revolver dans la nuque et entendre son corps traîné jusqu'au fossé ?... Nos conciliabules sont brefs, hachés par les efforts de la marche : « Il est midi ?... Bientôt… Le repos… Va pas tarder… C'est le quatrième… Quoi ?... Coup de feu… Oui, c'est le quatrième depuis ce matin… »

Enfin, la pause de midi arrive. Il faut passer le fossé et s'asseoir dans le champ fraîchement labouré qui borde la route. Après avoir glissé dans la boue du fossé, certains ne parviennent plus à remonter, ils sont aidés pour en sortir. Combien parmi eux iront jusqu'au bout ?... Dans le champ, la terre est molle, elle colle sous les chaussures. On s'assoit. C'est fatigant de rester assis sans appui, la colonne vertébrale souffre, elle se plaint et ce sont de nouvelles douleurs qui viennent s'additionner aux autres. Je ne résiste plus, j'étale une moitié de couverture sur la terre noire et je m'allonge. Nos gardiens ne réagissent pas, les S.S. doivent se restaurer. Peut-être précisent-ils les objectifs de leur mission d'aujourd'hui et de celle qu'ils assumeront demain ?... Je m'endors.

J'ouvre les yeux difficilement, il faut repartir. On a les coudes des vestes et le fond des pantalons noirs de terre mouillée. Les copains veulent m'aider à franchir le fossé. Je refuse et dans un sursaut d'amour-propre et grâce à un gros effort je me hisse sur la route. Il faut cette prétention si on veut aller jusqu'au bout !... Au bout de quoi ?... Et quel bout ?... Depuis deux jours on n'entend plus le canon... Où sommes-nous ?... Où sont les Soviétiques ? Les questions se bousculent dans ma tête, sans réponse.

On marche. Les coups de feu sont de plus en plus nombreux. Quel est celui qui vient de tomber et qui ne reviendra pas au pays ? Espérons qu'il aura un copain pour témoigner si du moins ce copain en réchappe ! Il faut toujours marcher. Et pourquoi faire tous ces efforts douloureux, si c'est pour tomber un peu plus loin ? Mais il y a l'espoir, toujours l'espoir ! Ce n'est pas possible d'avoir résisté pendant cinq ans, pour rien ! Il faut s'accrocher, marcher, marcher, marcher. La liberté est peut-être au bout. Oui, nous y arriverons au bout. Alors je marche.

Je sens bien que mes forces s'amenuisent. Depuis hier après-midi, je marche toujours dans le trio de tête. Les copains ont souvent les yeux tournés vers moi. Ils me surveillent... Chez eux, la faim a triomphé de la peur : à tour de rôle, ils ont essayé de passer près du fossé pour tenter d'arracher un peu d'herbe. Combien de ceux qui sont partis avant nous, ont dû se livrer au même exercice ! Les bas-côtés sont nets comme après le passage d'un troupeau de moutons. Il ne reste plus rien à grappiller.

La nuit tombe peu à peu, où va-t-on coucher ce soir ? Les coups de feu à l'arrière se multiplient. On ne les compte plus, il vaut mieux ne pas savoir. Le moral s'en ressentirait. Il faut tenir. Nous pénétrons dans un bois avec les dernières lueurs du jour.

« Halt! » Nous ne sommes pas seuls dans ce bois. Partout, aussi loin que porte notre vue, on devine une multitude de fantômes, assis, couchés. On nous désigne le côté droit de la route où il y a un petit carré libre, on s'y installe. Trois couvertures sur le sol, on s'allonge, toujours serrés les uns contre les autres sous les trois autres couvertures. La fatigue aura toujours le dernier mot. Autour de nous plus rien ne bouge. On s'endort.

Nous apprendrons plus tard que ce soir-là, nous avons dormi dans le bois de Bellow. Ce nom restera dans toutes les mémoires.

Au petit matin, quelqu'un près de nous crie: « Au jus là d'dans! » Sa boutade n'aura pas d'écho, personne n'a envie de plaisanter. L'atmosphère est plutôt lugubre. Nos trois couvertures du dessus sont sèches, la chaleur de nos respirations a fait son œuvre. Les trois autres sont repliées humides. Péniblement je me suis mis debout, mais je reste incapable de faire un pas. Je prends une des couvertures mouillées, je la plie en quatre et je m'assois dessus, le dos appuyé contre un arbre. Après… je ne sais plus.

J'ai vaguement entendu Frédo dire: « J'ai fait le tour, il y a bien un ruisseau mais impossible de prendre de l'eau, les S.S. sont prêts à tirer. » J'ai aussi entendu parler d'un camion de la Croix-Rouge et d'une cuillerée de farine passée de main en main qu'il fallait mastiquer pendant une heure avant d'avoir suffisamment de salive pour pouvoir déglutir.

Nous avons passé trois jours dans le bois de Bellow. Je pense que je suis resté tout ce temps appuyé contre mon arbre, mordillant ma langue pour saliver un peu, croyant ainsi pouvoir satisfaire la soif qui me tenaillait. J'ai encore perçu la voix de Frédo racontant qu'il avait vu trois ou quatre détenus se disputant pour mordre les fesses d'un cadavre.

Le matin du quatrième jour tout recommence. « Aufstehen! » (Debout!) Les aboiements des chiens se mêlent aux hurlements des S.S. Ces derniers tapent à grands coups de botte dans toute couverture laissant apparaître la forme d'un corps, histoire de réveiller le dormeur. C'est un spectacle inimaginable. Des corps se traînent, les chiens accrochés aux fesses. D'autres immobiles malgré les coups de bottes reçoivent une balle dans la tête. Il ne peut y avoir qu'une alternative: ou tu es en vie et tu marches, ou tu ne marches pas et tu es mort. Épouvantés, les copains m'aident à passer rapidement le fossé, il faut s'échapper au plus vite de l'enfer du bois.

Des coups de feu claquent encore quand la marche reprend. Je suis à nouveau au premier rang, entre Alfred et Bébert. Le ventre vide, la gorge sèche et durcie par la soif, je marche pourtant. Peu de temps après, je sens mon voisin de gauche chanceler, j'ai l'impression qu'Alfred titube. En allemand, son nom, « Klein », veut dire « petit », ce qui lui valait les sarcasmes de son *Vorarbeiter*, mais ne troublait pas notre camarade. Maintenant, notre petit Alfred ne va pas bien. Deux copains de derrière le prennent sous les bras et tout en le supportant, reprennent la marche. Bientôt, à leur tour, ils n'en peuvent plus, Raymond et Bébert prennent le relais. Je suis incapable de faire un effort, je mobilise toute ma volonté, je serre les dents et je n'arrive qu'à suivre péniblement. C'est affreux et humiliant de se sentir impuissant, inutile pour ses meilleurs amis en détresse. Alfred se rend compte des souffrances qu'endurent ses copains pour l'aider, alors dans un courageux effort, il s'écrie: « Laissez-moi, vous n'arrivez pas à m'aider... Vous voyez bien, je suis une charge inutile, je suis foutu... Laissez-moi, il faut que vous vous en sortiez, gardez le peu de force qu'il vous reste, laissez-moi... » Il s'écroule, épuisé. Dans une dernière tentative, les copains allongent Alfred dans une couverture dont ils prennent chacun un coin... mais ils n'ont plus la force de le soulever. Les cris de notre malheureux ami redoublent: « Laissez-moi... Laissez-moi... » On a perdu du terrain, on est près de la fin de la colonne. À quelques mètres, les tueurs sortent les pistolets de leur étui. Désespérés, les copains lâchent leur coin de couverture. Avant le coup de grâce, notre camarade Alfred Klein aura encore la force de crier: « Il faut que vous reveniez pour témoigner... On les aura ces salauds! »

Nous avons marché sans dire un mot. Quand la nuit tombe, notre bivouac improvisé est toujours silencieux. Chacun reste prostré. Tout pèse trop: la tristesse, l'énorme fatigue et la soif dévorante. Le moral de notre équipe brutalement réduite à cinq est au plus bas. Avec son groupe, Charlot Désirat marchait dans la même colonne que nous, et Frédo qui assurait habituellement la liaison avec lui est parti à sa recherche. Dès son retour, il nous a rapporté les conclusions de l'échange. Charlot avait sans doute bien mesuré la situation, y compris celle de notre groupe. Reprenant ses propos, Frédo annonça: « Ce soir, il faut s'évader, les conditions sont réunies. On ne peut pas amener Georges. S'il faut courir, et ce sera le cas, il ne pourra pas suivre. » Bébert dit: « Je reste avec lui. » Dans la nuit, nos trois camarades sont partis. Longtemps, nous avons tressailli aux bruits des alentours. « Ils ont dû réussir, on n'a pas entendu de coup de feu... Où sont-ils en ce moment? On espère à l'est, chez les Soviétiques... »

Au petit matin, la marche reprend. Bébert et moi, seuls maintenant, avançons côte à côte. Depuis combien de jours sommes-nous sur cette route? Je ne saurais le dire. La colonne s'est considérablement réduite, nous laissons tant et tant de morts derrière nous! Les détenus russes et français sont désormais mêlés dans la cohorte. En tête, les S.S. ouvrent la marche et leurs tueurs continuent leur noire besogne en queue de colonne. Mais sur les bas-côtés, les triangles verts ont disparu. Délinquants et criminels de tout poil, esclaves des S.S. voués aux basses œuvres, devenus pour l'occasion faux soldats de la Wehrmacht, ils ont déserté. Leur peur des Russes l'a sans doute emportée sur celle des nazis.

On marche. La faim torture toute la colonne. Et la soif! Le temps est sec, pas la moindre petite ondée pour rafraîchir nos gorges ankylosées. Derrière nous, l'écho des détonations résonne tout au long de la journée. On ne veut plus l'écouter, on marche, on marche jusqu'à la nuit.

J'étais sur le point de m'endormir lorsque j'entends crier: « Les Français, ici! » Il faut se lever. « Est-ce une bonne ou une mauvaise nouvelle? », s'inquiète Bébert. À peine la question est-elle posée que l'on aperçoit sur le bord de la route un camion de la Croix-Rouge. Nous nous regardons, émus et tout sourire. On s'approche. Des délégués, parlant français, relèvent nos numéros matricules et les notent sur leur registre. « Un colis pour deux. » Revenus à notre place, assis face à face, nous restons béats, le colis entre nous. Enfin, Bébert ouvre le carton. On y découvre un paquet de cigarettes, un tube de dentifrice, une poche de thé et une série de petits emballages. Dans chacun d'eux, des biscuits, des espèces de biscuits. On en croque un, c'est bon! Deux Russes sont assis près de nous, ils nous observent avec des yeux difficiles à décrire. On décide de leur donner le paquet de cigarettes et deux petits paquets de biscuits. Avec force gestes accompagnés de *tovarishch* amicaux, on essaie de leur faire comprendre qu'ils peuvent partager les cigarettes. Visiblement, ils nous comprennent. Ils sauront avec trois ou quatre cigarettes « organiser » quelques suppléments de nourriture. Pour ce cadeau, les fumeurs invétérés sacrifieront volontiers quelques-uns de leurs paquets de biscuits.

Le colis entamé coincé entre nous deux, Bébert et moi décidons de dormir. Le ventre un peu satisfait, on trouve l'atmosphère de la nuit moins froide. Le lendemain matin, instinctivement, je cherche le paquet. Bébert a le même réflexe. On tâtonne à droite, à gauche. Plus de paquet, il a été « organisé ». C'est une sorte de répartition!

La marche reprend. Est-ce une illusion, il me semble que je marche mieux, mes pieds traînent moins. J'en fais part à Bébert, il est comme moi. Notre moral s'en trouve un peu amélioré. Depuis le départ, nous marchons vers le nord, on entend la canonnade tantôt à droite, côté des Russes, tantôt à gauche côté des Alliés. Curieusement et pour une fois, c'est de la droite qu'on attend le salut!

Il faut toujours marcher, notre programme ne change pas sauf que la route est maintenant jonchée de cadavres. Les S.S. ne prennent plus la peine de jeter dans le fossé les corps des détenus assassinés. Il faut regarder où l'on met les pieds, pour ne pas buter sur un cadavre et risquer de tomber, avec la crainte de ne pas se relever assez vite pour éviter le coup de revolver fatal. On marche, on marche, on marche. Je pense: si on avait maintenant, un petit paquet de biscuits ce serait plus facile! Mais la soif! On n'a toujours rien bu si ce n'est après la bruine des derniers soirs. En tordant nos vêtements au-dessus de la tête, il en sortait un petit jus qui nous permettait de nous rincer la bouche et de déglutir avec moins de difficulté.

En observant les S.S., il me semble qu'ils sont moins agressifs. La peur de l'arrivée des Russes avant celle des Anglais ou des Américains les tourmente sans doute un peu. Ils paraissent n'avoir plus rien à craindre de leur hiérarchie. Depuis quelque temps, ils ne procèdent plus à l'appel. Avec le nombre de morts non décomptés tombés chaque jour, ils ne savent plus combien nous sommes. Je crois que ce n'est que par habitude du respect des directives qu'ils mettent encore les mitrailleuses en batterie, le soir, aux quatre coins du campement.

Cette nuit-là, est-ce l'effet des trois biscuits dégustés la veille, je me suis rendu aux toilettes. Assez sommaires ces toilettes: un long tronc d'arbre abattu posé devant une tranchée étroite et grossièrement creusée! Là, une dizaine de détenus posaient culotte. Je m'installe à mon tour à une place libre. Surprise, mon voisin est une femme! Sans doute, un convoi de détenues avait dû rejoindre notre colonne car je n'ai pas vu de femme avec nous quand nous avons quitté Sachso. La situation n'était certes pas romantique, mais j'en garde un souvenir précis et encore surprenant.

Les jours se suivent sans que je puisse en tenir le compte. Toujours: la marche, la faim, la soif, les coups de feu, la mort. Je sens que mes forces s'épuisent. Je marche comme un somnambule sous le regard attentif de Bébert. Pourtant, la colonne avançait avec plus de lenteur. À certains carrefours, des grappes de civils allemands avec femmes et enfants, tous empêtrés dans des bagages hétéroclites, tirant et poussant des charrettes lourdement chargées, débouchaient des routes de l'est pour fuir vers les Alliés. Dans leur hâte apeurée, leurs convois n'hésitaient pas à couper notre colonne. Les S.S. les laissaient passer sans intervenir, prenant le risque que quelques-uns d'entre nous se glissent dans la foule des fuyards. Il faut dire qu'avec nos habits loqueteux, sales, un numéro sur la poitrine et une large croix peinte au minium dans le dos, on se serait vite fait repérer !

04/05/45 : L'armée rouge

« Ce soir, cela fait treize jours que nous marchons », murmura Bébert. Quand notre campement s'est installé, les S.S. n'ont pas mis les mitrailleuses en batterie, on ne s'en apercevra que le lendemain matin. Car à l'aube, pas de « Aufstehen ! » agressifs, mais les hurlements des détenus russes : « Rousskie !... Rousskie ! Rousskie !... » (Les Russes !... Les Russes ! Les Russes !...) Les S.S. ne sont plus là ! On serait donc libéré ?... Bébert s'est levé. Moi je reste assis au pied d'un arbre, je ne réalise pas tout à fait la situation, j'attends la tête vide la suite des événements. C'est alors que j'aperçois sur la route quatre ou cinq soldats russes entourés des déportés de notre colonne. Je fais un gros effort pour me lever et péniblement je me traîne jusqu'au bord de la route. En même temps et dans un immense soulagement, je me dis : « Heureusement que les Russes sont là ! Aurais-je pu repartir sur cette route ? Le coup de revolver n'était pas loin... »

Les soldats distribuent toutes les cigarettes qu'ils possèdent. Est-ce un Russe qui parle français ou un Français qui comprend le russe ? Je ne sais pas, mais on apprend que les soldats n'ont pas à manger. « La cantine arrivera plus tard, mais nous sommes à côté d'un village, il y a à manger, servez-vous. Si vous avez des ennuis, faites-nous le savoir. » Les quelques valides se ruent vers le village. Sans précipitation, soutenu par Bébert, je suis le mouvement. À l'entrée du village, on s'assoit tous deux sur le pas d'une porte. Je pense que nous sommes sous le choc : notre long cauchemar vient-il vraiment de prendre fin ? Sommes-nous enfin libres ? Nous restons côte à côte perdus dans nos pensées. Ni la faim ni la soif ne troublent notre lente prise de conscience. Il me semble que nous sommes restés des heures sans dire le moindre mot. C'est sans doute l'arrivée inopinée et bienheureuse de nos trois copains évadés, Frédo, Raymond et Roger, qui nous ramène à la réalité.

Ils racontent leur équipée : « Pas d'ennuis pour sortir du bois. On s'est réfugié dans une ferme et on a dormi sur la paille dans la grange. Le lendemain matin, nous avons rencontré la fermière, soulagée que nous soyons des Français. Elle nous a préparé un petit-déjeuner. Nous sommes restés deux jours dans sa ferme, attendant l'arrivée des Russes. » Avant de faire le récit de nos trois ou quatre derniers jours et de notre libération ce matin, on rappelle à nos amis que nous avons faim. Nous nous dirigeons tous les cinq vers une maison bourgeoise, comme on dirait chez nous. Quelle horreur ! Des cadavres, la bouche ouverte et pleine de nourriture, gisent dans la cuisine. D'autres se tordent encore de douleur, eux aussi la bouche pleine, ils étouffent. Frédo se précipite. Avec deux doigts, il tente de retirer les aliments, mais c'est impossible et trop tard. Nous sommes atterrés. Frédo nous explique : on a perdu l'habitude et la possibilité de saliver, on ne peut plus déglutir facilement. Il faut prendre très peu de nourriture dans la bouche, mâcher, mâcher et remâcher afin de saliver le plus possible et seulement après, avaler. Bébert et moi, nous nous interrogeons sur la conduite que nous devons maintenant adopter question alimentation. Frédo reprend la parole : « On va tout de suite faire le recensement de la nourriture disponible et préparer des parts pour Georges et Bébert. » Les aliments regroupés et choisis, nous avons constitué pour nous deux des rations légères à prendre approximativement toutes les heures. Après avoir rempli deux bouteilles d'eau, nous prenons le temps de visiter une maison voisine afin de compléter et de varier notre approvisionnement.

05/45 : Vers Schwerin

On apprend que les Soviétiques demandent aux Français de se réunir à l'entrée du village. Là, un officier ou un sous-officier nous fait savoir qu'ils peuvent nous rapatrier vers l'est avec les détenus des autres nationalités. Le retour se fera par Odessa et ce sera certainement très long. Il ajoute : « L'Armée rouge a fait sa jonction avec les troupes anglaises à Schwerin, une ville située à sept kilomètres d'ici. Vous pouvez partir vers l'ouest pour les rejoindre. Vous avez le choix. » Notre concertation sera très rapide et sa conclusion unanime : on partira vers l'ouest par le chemin le plus court. Une fois encore Frédo intervient : « Pas de précipitation. Nous savons que nous n'allons pas être pris en charge. L'important est de reprendre des forces et pas de les gaspiller. » C'est ainsi qu'à petits pas de promeneur, nous prenons la route de Schwerin. Bébert et moi suivons avec sérieux notre régime alimentaire, une petite ration toutes les heures bien arrosée... en eau. Dès que l'un de nous ressent quelque lassitude, on s'arrête, on rentre dans une maison abandonnée par ses habitants et l'on s'y repose tranquillement.

Même si nos étapes restent très courtes, nous ne parcourons guère plus de deux kilomètres par jour, nous ne nous déchargeons que lentement des fatigues accumulées. Mais notre moral est au beau fixe en permanence. Les journées sont ensoleillées et Bébert et moi dégustons avec une facilité retrouvée nos petites rations, un bout de fromage ou une très fine tranche de jambon. Je vois peu à peu mes camarades récupérer physiquement et cela m'encourage.

Dans l'après-midi du 6 mai, nous débouchons sur la petite place d'un village déserté. Deux chars abandonnés gisent sous les arbres et autour d'eux quelques poules caquètent et picorent en liberté. Est-ce le plaisir retrouvé du jeu ou l'envie de changer de menu ? Tous les cinq en riant, nous nous lançons à la poursuite des poules. Elles sont en pleine forme et les attraper n'a rien d'assuré. L'une d'elles passe près de moi, retrouvant le geste spontané du joueur de rugby, je la plaque aux pattes. En voilà une ! Je renouvelle mon plongeon, en voilà deux ! « Ça suffit ! », me conseillent mes camarades, tout en applaudissant ma prouesse technique !

Une belle villa s'ouvrait sur la place. Manque de chance, des détenus russes l'occupaient déjà. Mais au fond de son parc, se nichait une cabane.

Elle était équipée comme ces abris où l'on fait cuire la soupe des cochons et que l'on trouve en Dordogne. « Voilà ce qu'il nous faut! », déclara Frédo et il se mit en devoir de plumer la volaille. Raymond et Roger partirent en expédition dans les maisons abandonnées afin de récupérer de l'huile ou de la graisse. Quelle magnifique soirée de débauche culinaire nous avons passé: poulet rôti aux fines herbes récupérées dans le jardin, pommes de terre rissolées dans une grande marmite de graisse, le tout servi dans des assiettes avec couteaux et fourchettes. Presque un repas de roi! Il fait beau, on ne cherche pas de lit, on étend nos couvertures sur l'herbe et on s'endort, ravis.

Le lendemain matin, nous reprenons la route de Schwerin. Quelques groupes de détenus, visiblement pressés, nous doublent. Nous, au contraire on traîne un peu les pieds, nous sommes encore dans le ravissement du repas de la veille. Enfin, nous arrivons aux portes de Schwerin. Un barrage de soldats anglais, en habits de parade et en gants blancs, filtre les arrivants. Un officier, l'air hautain, fait face à un groupe de quatre ou cinq détenus aussi loqueteux que nous et qui nous a devancés depuis peu. L'un d'entre eux demande une cigarette. Sans daigner répondre, l'officier fait signe à deux soldats d'escorter ce petit groupe de rescapés vers la ville. Il en sera de même pour notre équipe, sauf que nous ne demanderons pas de cigarettes à ce bel officier silencieux.

Guidés par deux jeunes soldats britanniques, nous empruntons les rues de Schwerin en suivant les pas du groupe précédent jusqu'à la caserne Adolf-Hitler. Là, les Tommies nous conduisent dans une chambrée, nous montrent nos lits et repartent sans plus d'explication. Assis sur les lits, nous plaisantons quelque peu de cet accueil laconique, mais très vite, nous nous interrogeons: il doit y avoir des douches et peut-être pourra-t-on se changer? Aussitôt dit, aussitôt fait. Nous déambulons dans les couloirs de la caserne, dans les salles; il n'y a pas âme qui vive. Arrivés dans un couloir du premier étage, nous entendons des coups de feu. On se précipite aux fenêtres. En bas, des détenus tenant dans leurs bras quelques linges immaculés, traversent la cour en courant. On descend rapidement à leur rencontre. Ce sont des Hollandais. Ils nous expliquent en néerlandais ou en allemand que dans les sous-sols il y a bien des chemises, des caleçons, des vêtements… mais il est interdit d'y toucher! Un soldat britannique a tiré quelques coups de feu en l'air pour les faire déguerpir. De leur mésaventure, on tirera vite la conclusion: nous resterons dans notre jus et nos vêtements sales.

Midi sonne, il faut se diriger vers le réfectoire, une grande salle nue équipée de longues tables et de bancs. Des soldats anglais apportent gamelles et cuillères, d'autres les suivent portant un bouteillon. Ils nous servent une soupe de blé. C'est tout pour le menu. On pense à notre repas d'hier soir et on se sent revenu quelques semaines en arrière ! Certes, le blé est meilleur que le rutabaga, mais on espérait mieux.

La fatigue est toujours pesante, on décide de s'allonger sur nos lits. Je m'endors vite et je suppose que les autres en font autant. À mon réveil, il fait nuit. Bébert est seul avec moi dans la chambrée. Nos trois copains sont allés faire un tour de reconnaissance dans la ville. Ils reviennent avec des nouvelles fraîches : la liquidation de la Wehrmacht aurait déjà fait l'objet de capitulations partielles et la reddition inconditionnelle de l'Allemagne doit être signée demain 8 mai à Berlin par les commandants en chef des armées alliées et soviétiques.

Le soir, on nous sert à nouveau la soupe de blé. Décidément, nos amis britanniques veillent à ce que l'on ne se remplume pas précipitamment ! Pour moi, c'est aussitôt le lit et le sommeil réparateur.

Le lendemain matin, on nous distribue un colis de la Croix-Rouge : des biscuits, une brosse à dents, du dentifrice et… une savonnette ! On se regarde, heureux comme si l'on venait de découvrir la lune. Une savonnette pour se laver enfin ! Se laver, mais où ? Tout nous est interdit dans cette caserne ! Frédo se souvient d'avoir aperçu, près de la sortie de ville, un ruisseau d'eau claire de quelques mètres de large. Tous les cinq, nous nous précipitons. Vite déshabillés, savon en main, on se lance dans l'eau. « Elle est froide ! », s'écrient les copains. Moi, je ne sens rien, je me roule dans cette eau limpide trop peu profonde pour pouvoir nager. Avec frénésie, je me frotte tout le corps avec le savon, je me plonge dans l'eau, je me relève et me frotte à nouveau comme si les souffrances endurées pouvaient disparaître avec la crasse et la sueur. C'est apaisé mais silencieux que je passerai le reste de la journée à la caserne.

La nuit tombée, des fusées multicolores illuminent Schwerin, c'est la capitulation de l'Allemagne que fêtent les soldats. La fin de la guerre, enfin ! Ce n'est rien que du bonheur qui nous attend… Les copains partent voir les réjouissances dans la ville. Je n'en ai pas envie, je veux encore passer une soirée tranquille.

Le lendemain matin, on est embarqué par vingtaines dans les camions de l'armée anglaise. Leurs amortisseurs sont un peu raides pour les routes défoncées que l'on emprunte. Nous sommes certes habitués à vivre à la dure, mais c'est quand même beaucoup pour nos fesses insuffisamment rembourrées. Bébert est à mes côtés, on regarde autour de nous : « Où sont passés nos trois autres copains ? »

Dans la cohue de l'embarquement, nous avons été séparés.

08/05/45 : Le long chemin du retour

Au bout du trajet, nous arrivons dans une nouvelle caserne. Où sommes-nous ? Enfermés dans le camion bâché, nous n'avons rien vu du voyage. On satisfait aux formalités d'accueil : nom, prénom, date de naissance, nom du camp, numéro matricule… et affectation d'un lit. Nous passerons encore trois jours dans cette caserne. On a le temps d'échanger avec les autres déportés, Bébert en profite ; moi, je n'en ai pas le cœur. Je me promène un peu dans les couloirs, mais le plus souvent je reste allongé, silencieux.

À nouveau et toujours en camion, on nous invite au départ. Surprise, on arrive à un aéroport ! Durant quelques secondes, les images défilent dans ma tête, je me sens déjà à Bègles, j'échafaude des situations de retrouvailles à n'en plus finir. Mais je suis douloureusement tiré de mon rêve : l'avion est complet ! Ce vol partira sans nous. Nous retournons encore et pour une très longue journée à la caserne.

Le lendemain matin, nouveau départ en camion bâché. On pense : cette fois-ci, l'avion sera pour nous ! Mais au bout de deux heures de route, nous devenons inquiets. A juste titre car lorsque le camion s'arrête, on nous fait descendre dans la cour d'une nouvelle caserne. On s'interroge à nouveau : mais où diable sommes-nous ? Chaque déporté reçoit un léger colis de la Croix-Rouge : deux petits pots de confiture, du beurre et des biscuits de toutes sortes. Lorsqu'on connaît le régime britannique à la soupe de blé, cette nourriture est précieuse, mais à voir les mines autour de moi elle ne comble pas les attentes. Le retour à la maison devient pour tous une obsession. Il alimente toutes les discussions. Quand ?... Quand ?… Quand ?…Certains s'échauffent, le ton de la voix monte. Pour d'autres c'est franchement la colère : « Pour les militaires, la guerre est gagnée, c'est l'essentiel ! Il y a eu tellement de victimes, les survivants n'ont qu'à patienter ! On est libre, ça leur suffit !… » Quelques-uns essaient de détendre l'atmosphère, ils se font rabrouer. La majorité veut savoir quand on va rallier la France : « Assez de ces incertitudes ! » Mais quoi faire ? On parle bien aux soldats anglais en faction, ils ne savent rien. Ceux qui savent ne sont pas visibles. « Et encore savent-ils vraiment ? » On décide d'attendre tranquillement.

Je me résous à marcher un peu, à prendre l'air, à respirer à plein poumon, à profiter de cette liberté depuis le temps qu'on l'attendait ! Le temps où l'on marchait le ventre vide sans savoir où nous allions, sinon vers la mort. Alors n'en demandons pas trop. Chaque jour qui passe raffermit nos muscles, nos jambes sont moins lourdes, nous n'avons plus faim. Nos parents ne verront pas les squelettes vivants que nous étions, n'est ce pas mieux ?

Trois jours plus tard, nouvel appel, nouveau camion bâché, nouvelles routes défoncées… et nouvelle caserne ! On connaît les formalités, nom, prénom, date de naissance, nom du camp, numéro matricule… Après un peu de repos, je me suis promené dans les rues de cette petite ville dont je ne me souviens pas du nom. Dans la soirée, je retourne à la caserne. Ses bâtiments s'élèvent au milieu d'un grand espace couvert d'arbres et de verdure. Nous sommes moins nombreux à y loger et nous commençons tous à nous sentir vraiment mieux.

Deux jours plus tard, nous roulons encore et toujours dans un de ces inconfortables camions bâchés vers la gare de Valenciennes. Enfin un nom français ! Nous sommes chez nous. Les paroles d'une chanson me reviennent en mémoire : « Ça sent si bon la France ! » Un kiosque à journaux, je me précipite, j'aperçois *l'Humanité* sur l'étalage. Un moment d'hésitation, je n'ai pas d'argent. J'explique à la marchande : je n'ai pas d'argent, je rentre de déportation en Allemagne. Elle me tend le journal : « Prenez-le, je vous en prie. »

À côté de moi, un autre déporté tient le même discours, je m'approche :

« Tu as l'accent du Sud-Ouest ? Moi, je suis de Bègles… Georges Durou.

- Frédéric Esparza. Je suis de Biarritz. Je viens de Sachso. Et toi ?

- Moi aussi… Tu veux lire *l'Humanité* ? Tu es communiste ?

- Oui… Les deux ! »

Nous réglons le problème de *l'Huma* : je lui donnerai le journal quand Bébert et moi l'aurons lu. En raison de ce bref, naïf et fraternel dialogue, je reverrai toujours avec une connivence joyeuse le camarade Esparza après notre retour à Bordeaux.

Le train pour Paris entre en gare. Ce qu'on est bien ! Même les banquettes en molesquine du wagon se font douces ! On entend à peine le bruit des roues passant d'un rail à l'autre. Le vacarme du wagon à bestiaux me revient… Je regarde le paysage par la fenêtre, le printemps est bien avancé, les arbres sont en fleurs. Une bouffée de joie me monte à la tête, je parle, je parle. Bébert est tout ému de me voir enfin parler sans retenue et sans crainte.

La lecture de *l'Huma* est enthousiasmante. De la nuit que j'ai connue, c'est maintenant l'aurore et toutes ses perspectives heureuses. Quand Ezparza vient prendre le journal, je lui montre qu'on y parle de quelques points du programme du Conseil national de la Résistance, de la nationalisation des grands moyens de production et d'échanges! Nous en rêvions, aujourd'hui ça se réalise, c'est formidable! On s'assure que l'on ne rêve pas encore: c'est écrit dans l'Huma donc c'est vrai! Nous méritons bien un grand moment de repos après une telle extase!

Nous arrivons à Paris, gare du Nord. La Croix-Rouge est là. Nous sommes vite repérés et conduit à l'hôtel Lutetia pour y remplir les formalités administratives.

« On va vous donner à manger.

- Non, on veut se doucher, se changer de vêtements. Après oui, nous mangerons avec plaisir. »

Vous ne savez pas ce que l'on ressent sous une douche moyennement chaude, tout seul, avec une grande serviette blanche pour s'essuyer. Je reste longuement sous son jet apaisant! Je suis bien! Que c'est bon la vie! Une dame me porte du linge de corps, un caleçon, une chemise, un pull-over, un veston, un pantalon, qu'importe les tailles, ça sent bon le propre... C'est merveilleux! On se sent une autre personne, un peu gêné d'avoir tout ça. Pourquoi est-on tant gâté?

Je descends retrouver Bébert dans le hall de l'hôtel. Nous échangeons nos premières impressions, il est moins enthousiaste que moi. Il est préoccupé par le retard mis pour contacter sa famille à Maisons-Alfort. Il a demandé quelques précisions aux hôtesses: son épouse et son fils ne seront prévenus que demain matin. Bébert n'est pas satisfait et je le comprends.

Qu'importe, nous sommes quand même à Paris! On réalise qu'à l'accueil, on nous a donnés de l'argent, un petit billet à chacun. Nous partons à la recherche d'une boulangerie, ce devrait être agréable de manger un croissant. Nous tombons sur une belle boutique où règne une bonne odeur de pain frais. « Bonjour Madame, je voudrais un croissant, s'il vous plaît ». La boulangère me regarde d'un air bizarre, comme si j'étais un homme pas très normal. Je prends le croissant et elle me rend la monnaie. De mon billet, il ne me reste que quelques misérables petites pièces! Même chose pour Bébert! Déception, nous n'avions pas du tout envisagé l'importance de l'inflation durant ces temps difficiles. Pour moi, cela faisait cinq ans que je n'avais aucune idée du coût de la vie.

Je n'aurais un train pour Bordeaux que le lendemain. Il ne nous restait qu'une solution, revenir à l'hôtel Lutetia. Un bon repas nous y attendait.

« Prenez cette clé, c'est pour une chambre à deux lits. » Nous sommes assez satisfaits d'être dans la même chambre. Quel éblouissement lorsque j'ouvris la porte de la chambre. Elle était propre ! Je soulève le dessus-de-lit et découvre des draps d'une blancheur… des draps plus blancs que blanc. Je me disais : « Mais je vais les salir en me couchant ! » Un lit de 80 pour chacun !… Bébert, ravi, faisait les mêmes découvertes que moi. On ne savait que dire ! Difficile de se déshabiller pour se jeter dans cette blancheur. Hésitant, je tourne et je retourne dans la chambre. Sur le mur, un miroir, je me regarde, ébahi. Il y a combien d'années que je ne me suis pas vu ? Mes cheveux ont un peu repoussé. Pour une telle négligence, j'aurais eu droit à Sachso à deux coups de tondeuse pour tracer une croix sur ma tête. Certainement pendant que je mangerais ma soupe, c'était un amusement pour le Polonais qui faisait le *friseur*. Il tombait toujours des petits bouts de cheveux dans la soupe, ça n'avait aucune importance… Mon visage me paraît encore fatigué… Oublions tout cela ! Je me déshabille et je me glisse dans les draps immaculés.

29/05/45 : Bègles

Il est 9 heures. Quelle nuit pénible! Les cauchemars ont succédé aux cauchemars. Vivement le plaisir de me retrouver sous la douche! Au petit-déjeuner, une heureuse découverte: des tartines de pain que l'on peut beurrer à discrétion. Bébert est appelé, une voiture de la Croix-Rouge l'attend pour le conduire à son domicile. Sa famille est informée. Nos adresses échangées, on s'embrasse. « À bientôt! »

Mon train est à 13 heures, je serai convoyé par une voiture de la Croix-Rouge à la gare d'Austerlitz. Je sors de l'hôtel pour faire seul quelques pas à l'extérieur. Se sentir libre, ne m'est pas si facile. Je me retourne, ne suis-je pas suivi? Ce n'est plus simplement les peurs anciennes qui m'habitent, mais des craintes confuses jusqu'à l'appréhension de revenir chez moi peut-être. Rentré à l'hôtel, après avoir feuilleté quelques journaux, mes pensées replongent dans l'horreur du passé.

Embarqué gare d'Austerlitz dans le train pour Bordeaux, mes sensations heureuses ressurgissent. La douceur de la molesquine que j'expérimente à nouveau, assis, couché. J'ose faire descendre la vitre de la fenêtre, me reviennent les interdictions de ma mère quand nous allions en vacances à Bergerac: « Tu vas recevoir des escarbilles dans les yeux, ne te penche pas... » Le train ralentit longuement puis s'arrête: Saint-Pierre-des-Corps. Des dames de la Croix-Rouge offrent du café. Moi, le petit télégraphiste, je demande: « Peut-on envoyer un télégramme? » Réponse positive. Je donne mon adresse et ce bref message: « Arrive ce soir gare Saint-Jean. Grosses bises. Jojo ».

Les souvenirs de ma maison ne me quitteront pas jusqu'à l'arrivée à la gare Saint-Jean. Je m'apprête à descendre, je suis seul dans le compartiment. Un foulard rouge repose oublié sur une banquette, je le noue autour de mon cou. Je sors. Devant la gare, une foule de gens applaudissent. Suis-je la vedette?... Mes deux sœurs Simone et Paulette se précipitent vers moi. Mon père n'a pas voulu venir, il n'osait pas croire que mon retour espéré était pour aujourd'hui, 29 mai. Un taxi, nous voilà à la maison.

Ma mère en pleurs.

On s'installe dans la véranda. Des voisins arrivent. Ils sont une dizaine qui me regardent, questionnent et commentent. Que leur répondre? Dans le brouhaha, j'entends une voix presque déçue : « Il n'a pas mauvaise mine, il n'a pas dû beaucoup souffrir ! » Je ne suis certainement pas comme la description en est faite dans les journaux, un cadavre vivant complètement décharné ! Ma mère demande à tous ces gens de se retirer. « Il est fatigué », dit-elle.

Nous voilà en famille. Tous les yeux aimés sont tournés vers moi ! Mon père est arrivé, lui aussi et demeure sans voix. Que dire, je suis là. Je retrouve ma chambre, mon lit. Au repas, il y a de la salade, de la salade du jardin sans doute. J'en mange, j'en mange. Ma mère s'inquiète : « Arrête, ça va peut-être te faire mal. »

Le lendemain, ma sœur Paulette m'explique brièvement : « Les Jeunesses communistes n'existent plus. Dans la Résistance, leur fusion avec en particulier les Forces unies de la jeunesse, où militaient de nombreux chrétiens, a été conclue pour donner naissance à l'Union des Jeunesses républicaines de France. Il y a une réunion du groupe de Bègles, demain soir, rue Berthelot, si tu veux je t'y amène ?

- Oui, ça m'intéresse. »

Nous entrons dans une petite salle, une trentaine de jeunes sont là. Ils se lèvent à mon arrivée, applaudissent et m'invitent à m'asseoir derrière une table en compagnie de quelques responsables militants. Le secrétaire, Maurice Cauna, fait un petit discours et je ne sais si j'y ai répondu. Devant tous ces yeux tournés vers moi, je ne sais plus si j'ai parlé. Comme tous ces jeunes gens, j'étais intimidé... Je pensais à tous mes copains restés dans les camps, aux souffrances endurées et aux promesses faites. Ces promesses, je les tiendrai. Plus encore que de la barbarie de nos bourreaux, je témoignerai du courage et de la solidarité de mes amis dans l'enfer des bagnes nazis. Je me battrai pour la paix, la liberté et la fraternité, comme étant enfant je l'avais chanté avec mes petits compagnons de Bègles.

Déjà, l'Assemblée constituante avait adopté le programme politique, économique et social du Conseil national de la Résistance. Ce programme comblait tous mes espoirs en une France solidaire et pacifique, mais il restait à le mettre en œuvre.

Ce soir là, entouré de jeunes gens plein d'ardeur et d'espoir, je n'hésitais pas : c'est dans les combats menés par l'Union des Jeunesses républicaines de France que je m'engagerai. Ma place était là.

Postface

La Mort et le Survivant

La Mort et le Survivant

Je suis la mort la Camarde qui ai longtemps œuvré
jusqu'au délire C'est moi
moi qui ai reçu en mon sein des millions de victimes
La Camarde Me reconnais-tu ? Regarde-moi
Toi qui aimes tant la vie Dis-tu
Toi qui as vécu un siècle lourd de vies brisées
et sur lequel je me suis acharnée

Vieux camarade Ose me regarder

Dans ce camp toi et les autres je vous ai vus lutter
et vouloir m'échapper J'en ris encore
Aujourd'hui vous êtes là Revenus Le camp est nu
Visage clos et traits tirés certains de vous parlent et parlent
D'autres dans le silence ont sombré

Je te vois vieux camarade Ose me regarder

Tu te refermes dans ta coquille Images et angoisses
t'ont submergé
Tu reviens et tu butes sur les pavés désenclavés
Tu butes
et tu trébuches plus que tu ne l'as jamais fait

Je te vois vieux camarade Ose me regarder

Tu me trouves Je te retrouve
Les mots tendus en canne blanche tu tapotes tes souvenirs
Comment dire l'enfer qu'en toi tu as caché ?

Je te vois vieux camarade Ose me regarder

Ensemble nous avons connu l'abjection et la puanteur
Mais aujourd'hui sens et regarde
Rien n'attendrit le sol ni boue ni fange
Aucune odeur fétide ne soulève le cœur Aucun cri
Silence

Je te vois vieux camarade Ose te souvenir

Je ricane quand j'entends tes mots trop émus
Ce sont des mots d'acier trempé qu'il te faudrait
pour dire toutes les atrocités
Non ces mots attendris par la vie que tu t'es donnée

Je te vois vieux camarade te souvenir tu oses !

Vrai tu m'amuses quand tu racontes tes luttes
sans relâche
pour La Vie ! La Dignité ! Le respect ! La Tolérance !
Comme tu dis Je ne croyais pas t'avoir laissé tant de forces
pour ferrailler ainsi

Mais dis-moi vieux camarade espérer Oserais-tu ?

Ecoute Ici C'est Rien Tu vois Rien
La terre la poussière et le béton étouffent l'horreur
mais tu veux parler encore et encore à ceux qui se taisent
s'aveuglent et ne veulent entendre
Tu veux parler Jusqu'à ta voix briser et ton cœur

Mais dis-moi vieux camarade Ose me regarder
Vaincre le pourras-tu ?

Jeanne Uteau
Ecrit à Sachso lors du 62e anniversaire de l'évacuation du camp

Georges Durou

Table des matières

Table des matières

Conception et impression PublicImprim

Pour *Les éditions les Nouvelles de Bordeaux et du Sud-ouest*
15 rue Furtado, 33000 Bordeaux

Dépôt légal juillet 2011